巴菲特說：
別以為你很努力，
其實你只是在窮忙。

巴菲特說:「別以為你很努力，其實你只是在窮忙！」

你與成功的距離

孟凡 著

郭台銘說：
每一隻公雞，
都以為太陽是它叫出來的。
（偷機取巧的人，往往都會是第一個邀功的人）

前言

股神巴菲特曾說：「讓賺錢成為一種習慣。」

金律一：學習、學習、再學習。

金律二：總結、總結、再總結。

金律三：永遠保持本金。

金律四：投資要趁早。

金律五：堅持長期投資。

對於以上巴菲特的投資名言，我們也可以借鏡為投資人生的座右銘——我們可以期許自己：「讓成功成為一種信仰！」

定律一：學習、學習、再學習——這句話適合各行各業的人們去精進。

定律二：總結、總結、再總結——將各種經驗或情況做出有指導性的結論；即將已發生過的事，經由檢討而得更好的方法，以利下個階段的運作。

定律三：永遠保持本金——對人生而言，健康就是本錢。保住它！

定律四：投資要趁早——指的是，趁早做出人生的規劃，當你有了一份清晰的人生目標時，你就可以開始追逐自己的夢想了。

定律五：堅持長期投資——英國最年輕的百萬富豪湯姆・哈特利說：「要先成功，必須先有個目標，並為實現目標而不懈努力，持之以恆。」——持續的努力，就是獲得成功不可或缺的素質。

其實，人人都懂得成功的道理，但「懂」並不代表你就會成功。

「成功」是很抽象的名詞，它的範圍因人而異、而有不同的界定！所以，我們不妨問問自己：「你想成為怎樣的人？」

首先，在人生的行列中，你是否站對了位置？從學校畢業後進入社會就業，看似理所當然，而混了半天卻還搞不懂自己在做什麼？是人云亦云、還是得過且過呢？竟然毫無進展……如此未免太浪費只有一次的人生了！

人生是一個大舞台，每個上場的人都要選好適合他的角色。拿破崙說：「穿上士兵的制服就會變成士兵；穿上將軍的制服就會變成將軍。」

這就是心理學上所稱的「角色期待」。

所以說，我們只要選好了角色，人生是可以塑造的、也是可以改變的。只要你下定了目標，繼而朝著目標開始前進，你就已經在成功的行列了……

前言／003

第Ⅰ章　站在成功者的身邊／015

第5章 改變自己取得成功／153

第一章

站在成功者的身邊

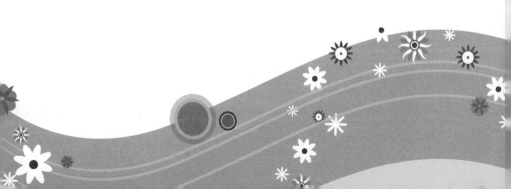

與西方民族崇尚英雄的傳統略有不同的是，中華民族是一個崇尚道德倫理榜樣的民族，「榜樣的力量是無窮的」這句話可以說是膾炙人口。父母對孩子諄諄教誨：「千萬不要學某某……」說的就是某某是個壞榜樣，要引以為戒。

年輕人喜歡選擇自己的榜樣和偶像。而當我們在尋求發展時，就可以以成功者為榜樣。有人說，成功是可以複製的，這就是榜樣發揮的作用。

1．要成功，就要和成功者在一起

電影《當幸福來敲門》講述了這樣一個故事：

克里斯・加德納（威爾・史密斯飾演）在一個股票經紀公司實習。實習生共有20人，他們必須無薪工作6個月，最後只能有1個人被錄用，這對克里斯・加德納來說實在是一個極大的挑戰。

實習期間，克里斯接受了一項任務：推銷股票。他有一個機會去拜訪一個成功的客戶。這個客戶住在高檔的別墅裏，有花園、游泳池，當然還有著自己的不小的產業，儼然是一位成功人士。而克里斯只是一個窮小子，租不起房，只有一件穿得出去的衣服。面對他，克里斯並沒有自慚形穢，而是像一個老朋友一樣，打招呼問候，並和他一起去包廂看橄欖球比賽。這些生活對克里斯來說，曾經是做夢也無法達到的。克里斯與這些成功人士一起，推杯換盞，談笑自若，毫不拘束。後來，這個客戶又給克里斯介紹了很多生意。

最終，克里斯憑藉自己的努力完成了任務，脫穎而出，獲得了股票經紀人的工作，並且隨後創辦了自己的公司。

世界上最會賺錢的猶太人信奉這樣一條格言——窮也要站在富人堆裏。也許很多人無法理解：與富人站在一起，只能顯出自己是一個失敗者，徒增自己的悲哀；也有人可能想得更為積極一些，與富人在一起，會激發自己成功的決心。雖然有道理，但這不是全部的意義。

要想成為富人，我們應該牢記這樣一個事實，即「富人永遠不會變窮」。富人是在貧富不均的基礎上產生的，所以富人永遠屬於富人的群體，窮人則永遠脫離不了窮人的圈子。只有和富人在一起才會讓別人也認為你是一個成功者，你身邊的富人會無形中增加你的人際影響力。

所以，一個成功者，他會形成思考問題的獨特方式，這種思考方式是為一般人所不易知曉的。和成功者站在一起，目的就是學習他成功的經驗。當你學會了成功者的思維方式、精神理念等方面的內容，你或許就可以將成功複製。

和成功者在一起，你就會感受到他們為事業奮鬥的熱情，他們的行動力和執行力，你身上僵化的思維、懶惰的身體都會被激發、調動起來，好似整個人重獲新生、煥發青春，還有什麼事情能難倒你呢？

有人說，一個人要成功，可以通過以下幾個步驟：一、是他必須幫成功者工作；二、是當他開始成功的時候，一定要跟更成功的人合作；三、是當他越來越成功時，要找成功者來幫他工作。按照這個步驟去做，很少人不會成功。

失敗者的致命缺點就是他們沒有雄心壯志和足夠的激勵。在一個平庸的老闆手底下做事，就等於選擇了一個不思進取、得過且過的環境。如果你處在那種環境裏，就無法通過一定的標準來衡量自己的能力。當你周圍的人都與世無爭地生活著，周圍也沒有什麼東西可以刺激你時，成功也就離你越來越遠了。

在你的一生中，無論在何種情形下，你都要努力進入能夠激發自己潛能的氛圍中，努力接近那些成功的人，因為這對你日後的成功具有莫大的影響。

2．站在巨人的肩膀上

成功者，在他追逐成功的目標時，沿途也給別人點燃了盞盞明燈。每個人心中都有自己崇拜的成功者，這些成功者不僅是他們勉勵自己不斷奮鬥的力量，而且他們的奮鬥歷程也可作為對自己人生奮鬥歷程的借鑒。

成功者所犯的錯誤比失敗者多得多，沒有一個成功的人能一帆風順，就像馬雲，就像牛根生，就像史玉柱。而成功者與失敗者最大的不同就在於成功者處在不斷的嘗試——錯誤——嘗試之中，而失敗者可能永遠不會犯錯誤，也就不會成功！

成功者給我們的一個重要的啟示就是：勇於嘗試。不怕犯錯是每一個成功者或者想要成功的人首先要具備的素質，而一旦具備了這樣的素質，我們就已經成功了一大半，這也是為什麼史玉柱創業之初自稱「史大膽」了。我們常說站在巨人的肩膀上，就是要在那些巨人的身上領悟到足以影響我們一生的思想。我們常說要笑著面對人世，當面對困難的時候，你就可以從成功者身上汲取前進的動力。

小王畢業後，沒有像他的同學一樣選擇就業，而是決定自己創業。一開始，憑藉自己的勤奮及傑出的編程技術基礎，小王從別的公司接了很多活自己來做，並以此獲得了創業的第一桶金。後來小王註冊了自己的公司，也開始招攬更多的業務。

小王漸漸發現，憑藉自己一個人的力量已經無法同時為越來越多的客戶提供服務，自己的技術與才幹並不能全面滿足企業的需求，同時，小王也沒有足夠的精力去開發一些應用程式來滿足企業的相關需求。

這時候，小王想起了牛頓「站在巨人肩膀上」的那句名言。與很多人的想法一樣，小王想到了IBM、CISCO等跨國巨頭，如果能夠和這樣的跨國公司合作，那無疑會令小王的事業站到一個巔峰之上。然而像小王這樣一個剛剛創業的年輕人，何況還是個學生是不可能引起IBM、CISCO的興趣的。在幾次碰壁之後，小王便開始思考是不是可以尋找國內一些實力強大的公司來合作。

在互聯網的搜索中，小王發現了他一直認為只有跨國公司才會擁有的「中間件」技術，在國內已經被一家叫做中龍網庫的公司實現了技術突破。而且，中龍網庫所提供的「中間件」在價格上十分便宜。

抱著試試看的心態，小王從南京跑到了北京與中龍網庫洽談，而中龍網庫也正在著手推廣其十年技術攻堅所取得的「EDN中間件」。由於小王自己也是技術出身，因此在看了中龍網庫產品之後，當即覺得中龍網庫就是他要尋找並願意讓自己站上去的「肩膀」！

與中龍網庫的合作，不僅為小王的公司大大增強了技術實力，也大大拓展了業務範圍，而且小王也不再需要為自己的售後服務擔憂。不到兩個月，小王的業務收入便獲得了成倍的增長，畢業沒幾年，如今小王也儼然成為了擁有千萬資產的八〇後出生的成功人士！

小王的成功就是因為站在巨人的肩膀上。這個巨人不是IBM、CISCO等國際巨頭，而是一個有一定實力，而且小王也能夠站得上去的肩膀。尋求巨人，關鍵是去尋找適合自己的巨人。

在二十一世紀，自我奮鬥的精神固然可嘉，但是如果想成為一個成功者，就必須要學會借助外力。當你和別人同處在一個起跑線的，最先成功的往往就是那些尋找到合適的「巨人」的人。

「站在巨人的肩膀上」，不是為了在巨人身上坐享其成、坐吃山空，而是為了超越巨人，跨越巨人，這是歷史和社會所賦予人類的使命。沒有誰的成功不是通過付出了巨大的艱辛和痛苦而獲得的。

我們一定要用平和的心態，對社會擁有不斷進取的思想和精神，去面對巨人的成果，要不負巨人的重托，學習借鑒和繼承巨人的付出與奉獻精神，要向更高的目標攀登，並且一定要樹立敢於跨越和超過巨人的雄心壯志，不達目的，絕不甘休。

3．什麼樣的老闆容易成功

幾年前的一個炎熱的日子，一群人正在鐵路的路基上工作，這時，一列緩緩開來的火車打斷了他們的工作。火車停了下來，最後一節車廂的窗戶打開了，一個低沉的、友好的聲音響了起來：「大衛，是你嗎？」

大衛・安德森——這群鐵路工人的負責人——回答說：「是我啊，吉姆，見到你真高興。」

於是，大衛・安德森和吉姆・墨菲——這條鐵路的總裁，進行了愉快的交談。在長達1個多小時的愉快交談之後，兩人熱情地握手道別。

大衛・安德森的下屬立刻包圍了他，他們對於他是墨菲鐵路總裁的朋友這一點感到非常震驚。大衛解釋說，20多年以前他和吉姆・墨菲是在同一天開始為這條鐵路工作的。

其中一個人半認真半開玩笑地問大衛，為什麼他現在仍在驕陽下工作，而吉姆・墨菲卻成了總裁。大衛非常惆悵地說：「23年前我為1小時2美元的薪水而工作，而吉姆・墨菲卻是為這條鐵路而工作。」

如同故事中的吉姆・墨菲一樣，很多老闆白手起家，經過艱苦的奮鬥最終取得了成功。這些成功者身上必然具備常人所不具備的素質。作為一個打工者，如何才能選擇一個成功的老闆呢？

成功的老闆一般都具備以下幾個特點。

一、勇氣

如果老闆對自己的事業都沒有底，你的員工又怎麼會有信心和勇氣，去全力以赴地幫你做事呢？

二、進取心

一個成功人士，必然是對自己的現狀不滿足，繼而努力為之奮鬥的人。一個成功的老闆，要有不斷開拓進取的心態。勇於打破束縛，衝破艱難險阻，成功自然也就離其不遠了。

三、自制力

無法控制自我的老闆，也永遠無法控制員工。

四、正義感

成功的老闆，就要以身作則，用自己的品行給員工作出表率。如果沒有公平和正義感的老闆，就無法指揮員工，更無法得到員工的尊敬。

五、信任

有一種老闆，做事情喜歡憑藉一己之力，公司的所有權力一手抓，這是對員工和下屬不信任的表現。給下屬一定的權力，就會增加員工的自重感，才能使工作開展得更有效率。

六、實幹

成功的老闆們做人低調，但做事情很踏實，一步一個腳印。在企業的經營管理中，從不好大喜功，實事求是，穩紮穩打。因為老闆不喜歡張揚，哪怕是生意不好時做調整，一個項目或關或停，都只有圈內人知道，不會在社會上鬧得沸沸揚揚，搞得政府、媒體、客戶、銀行都來找你麻煩。老闆們的低調，源於他們對社會環境的深刻認識，體現了他們精明的生存策略。

七、人脈

很多老闆在起初創業時，往往身兼業務員的身分。他們在見客戶的時候，往往會展現自己的親和力，並注意培養自己的人際關係。為了企業的發展，任何一個領導者都少不了「人脈管理」。

八、忍耐力

成功的老闆一定要有超越別人的想法和行動，並獻身於自己未來的事業。只有對自己的長期目標深信不疑，才能實現目標。

九、應對挫折

在企業成長的過程中，難免會遇到風險和挫折。沒有足夠的應對挫折的能力，很容易被暫時的失敗打擊了信心，成功自然也就無從談起了。

成功的道路有千萬條，成功的人也有不同的特點。然而細心觀察，這些成功者身上都有一些共性的東西存在，概括為成功者的必備素質。如果一個人身上具有這些素質，就可以預測這個人的前景。

不是每一個人都能做個成功的老闆，也不是每個人都有眼光和運氣選擇成功的老闆，成功的老闆也是一個善於學習，並能不斷進步的人。

作為一個員工，你在公司的位置是自己一步步做上去的，老闆不會對你講太多。對於有一天也想自己做老闆的人來說，自己也要善於去學習，學習成功老闆的智慧，合理地借鑒老闆的經驗，會對自己大有幫助。

4．選擇一個有遠見的老闆

有人說：世界充滿了不確定性，未來是無法把握的。對一個有遠見的老闆來說，這種觀點是消極的，是對自己無法掌控局勢的藉口。

對於一個成功的老闆而言，「遠見」是一種能力和品質。能夠準確地預測行業的未來，並且能夠把未來貼現變成實際行動的主導者，才能夠稱為企業家，不然他就只會在追逐蠅頭小利中錯失良機，為了短期利益而損害長遠利益。

富爾頓聽說法國拿破崙準備越過英吉利海峽對英國作戰，他滿腔熱情地來到巴黎求見拿破崙。他把蒸汽輪船的設計圖和模型圖呈給拿破崙看。當時，拿破崙的海軍已堪稱龐大，只是艦船結構大都是木質的，航行基本上靠風帆作動力。而他的對手英國人，卻早已用上了蒸汽驅動船，這使拿破崙與英軍統帥納爾遜對陣時，常常感到英雄氣短。他已經聽說富爾頓的蒸汽船在塞納河上演示時出了洋相，但這種全新動力的海上裝置還是讓拿破崙很感興趣。

富爾頓滔滔不絕地說：「一台20馬力的蒸汽機，可以抵得上20張鼓滿的風帆，陛下的艦隊再也不必待在港口裏等待好天氣出航，到時，不要說是納爾遜，就是兔子，也跑不過陛下，等到您旗開得勝的時候，就是這個世界上最高大的人了……」

富爾頓一不留神說走了嘴，觸到了拿破崙最忌諱的身材高矮的問題。這就好比當著禿子說燈亮，剛才還在認真傾聽的拿破崙頓時沉了臉，他截住富爾頓的話頭說：「你只說船快，卻隻字不提鐵板、蒸汽機和煤的重量，我不說你是個騙子，但你是個十足的傻瓜！」

一八一二年，英國人購買了富爾頓的輪船專利，十九世紀40年代，船側輪槳逐漸被更先進的船尾螺旋槳取代，英國的海上霸權以它的船堅炮利得到了鞏固，而法國則被遠遠地甩到了後面。

拿破崙在戰場上能夠高瞻遠矚，屢戰屢勝，但他在科學上的短見最終使之喪失了可以改變歐洲格局的機會。這個故事後來被薩克斯用來勸說羅斯福開發原子彈，最終獲得了羅斯福的同意，避免歷史上的錯誤重演。

在我們的身邊經常會有這樣的例子：你的一位同學，畢業後就去了一家小的民營企業，但是這個企業的老闆很厲害，在短短的幾年時間裏，就把這家小企業做得很大，而你的這位同學由於一直跟隨著這家企業的老闆，也成了一個「創業元老」，在你的同學當中脫穎而出。

又或者是，你的一個朋友，你總覺得其實他的能力一般，可人家就是因為在一家不錯的企業，同樣是跟對了大老闆，企業迅速發展了，儘管他只是那個企業的小角色，可也跟著沾了不少光，成了個小「暴發戶」，讓人看著眼饞。

是的，有的時候，身邊總是會有一些人，他們非常走運，雖然自身能力不算突出，但是他們卻有一個很厲害的老闆。不過我要告訴你，如果你想「走運」，不僅自己要有眼光，還要選擇一個有遠見的老闆。

一個有遠見的老闆不會單方面去看待問題，他不會因為員工暫時創造出的效益而對其進行判斷，因為他會更在意一個人努力的過程。結局固然重要，過程更重要。他會再次留給員工一個可以證明自己機會，同時也給公司一個可以更好地了解員工的機會。如果一個老闆過於苛責一時的企業利潤，只能說明這個老闆看事情過於片面。通常這種企業也是一些小企業，或者說是急於求成做不久的企業，同時也是一個不值得你繼續留任的企業。

一個有遠見的老闆是不會用非法的方式辦事的，一個要想長期生存的企業不大可能在賬務上做違背規則的文章，因為這不僅是個人和公司法律或職業風險的問題，同時還大大增加了公司的財務管理成本。如果靠這種方式來發展企業，這個企業也是注定沒什麼前途的，你也沒必要怕得罪老闆，更沒必要為他冒險。

一個有遠見的老闆知道自己該做什麼，也知道員工需要什麼，這種老總做的不是決策型老總，也不是權威型老總，他是服務型老總，他明白員工的需求，他知道員工的心聲，他用信任和支援來領導企業的發展，他用服務和回報來對待員工。

老闆要具備遠見卓識，具備總攬全局的戰略性思維和全球視野以及開放的思維和精神，強調確定方向和願景的能力，強調前瞻性和開放性的戰略思考能力。老闆需要成為專家，諳熟行業發展的脈搏，洞悉存在的趨勢與機會，明瞭企業資源的現狀，關注創造性與可能性。一個有遠見的老闆對於如何實現遠景的關鍵步驟與計畫也已經明確，里程碑已經設定。

微軟公司的總裁比爾・蓋茨就是一個具有遠見領導力的人。歷史上，蓋茨曾兩次憑藉先行一步的遠見而令對手膽戰心驚。

第一大遠見是在一九七五年，他預言要使電腦進入每個家庭，微軟第一個遠見計畫的標誌性產品是Windows95；第二大遠見計畫始於一九九八年，他認為，在未來的新世紀裏，網路會變得越來越重要，而PC不再只是孤立的存在，而將變成連貫網路的一系列設備中最重要的一種。

蓋茨沒有信口開河，他付諸了實際行動，最終證實了他獨特遠見的偉大成功。

沒有遠見的領導力，從本質上講不是真正的領導力。不比別人看得遠，不具有遠見卓識，就缺乏領導他人的資源，就不具備能洞察未來發揮趨勢的領導力，就不是一個成功的領導人。

5．切莫三心二意

劉強和許寧同一天入職一家跨國企業，被分到不同的下屬公司。

劉強在好幾家不同行業、不同類型的公司工作過，所有與他共事過的人，對他的評價是聰明、有潛力、有創意，但是不夠成熟。他希望通過打工來學習一些經驗，如果有可能的話，最終自己創業做老闆，作出一番不凡的事業。許寧之前則一直在一個外企公司工作。相比之下，他顯得才智平凡，凡事中規中矩。

兩個人的職位相同，工作內容相同，工作業績也相差不大，但表現方式卻大相徑庭。劉強本著學習經驗為創業做準備的心態，僅僅關注工作的品質和個人的成長，對於企業的一切規範和禮儀，都抱著無所謂的態度。

他常想，反正將來我是要自己創業的，這些俗套沒什麼用。但有時他也覺得這家公司還不錯，老闆也很有能力，在這裏長期做下去也可以。無所謂的態度和聰明、創意相結合，使他很快成為企業上下公認的「怪才」。

許寧則每時每刻都注意言行，只要有同事在場，無論什麼場合，說話都是開會討論總結發言的風格。由於成熟得體，也很快為公司上下所認同。

幾年過去了，許寧被提拔為區域經理，成為劉強的上司。劉強有點不滿，因為無論從工作的哪個角度講，他認為自己做得都不比許寧差，甚至在很多方面自己的能力和業績還更好。但長久以來，老闆們就好像只看見許寧的成績，對劉強的一切都視若不見。當然，劉強很快就對自我進行安慰放鬆，反正自己最終是要創業的，許寧是要做職業經理人的，各有所求，無所謂。

但當劉強認真思考未來時，才發覺自己離創業的目標依然很遠。因為他只是想創業，卻沒有真正為創業做過多少準備。再看看現在這份工作各方面都不錯，創業的衝動似乎也不是那麼強烈了。劉強開始感到困惑了——以後的路，到底應該如何走下去？

企業為什麼要提升許寧而不提升劉強？原因之一就是因為：儘管劉強有才華、有業績，但他對公司不夠專注。上班不如意的時候，就想著自己還有一條後路去創業，創業沒機會的時候想著自己還能上班混日子。抱著這種想法和心態，就算工作的業績不錯，但細節和態度上必然有所表現，這種表現就足以讓他沒機會晉升。

當你認準一個好的公司，或者好老闆的時候，最需要引以為戒的事情就是——三心二意。

每年企業老總在招聘畢業生的時候，都會心存顧慮，因為社會鮮人經常犯的一個毛病，就是好三心二意，這山望著那山高，頻繁跳槽，無形之中給企業帶來很多損失。同時，畢業生也因此錯失了很多機會，浪費了青春。畢業生為什麼三心二意，分析起來有以下原因。

一、**先就業，再擇業的觀念**

在滯銷成堆的就業環境中，加上一些人的宣傳，「先就業，再擇業」的擇業思想和原則讓很多無奈者不管三七二十一先就業再說，於是就有進去之後沒幾天就發現企業不過如此，開始重新考慮選擇另覓新歡。

二、**要求不切實際**

很多剛剛踏入職場的人，看到別人並不比自己努力，卻拿著不菲的薪水，享受良好的待遇，毫無壓力，於是也心生期望，期望自己也能向人看齊。這顯然是不現實的。畢業生剛剛參加工作，在工作中要有一個學習的態度。

三、**這山望著那山高**

一看到同學所在的那家企業的待遇比自己所在的企業好，禁不住心亦搖曳，就想重新選擇東家。

四、一心只想進大企業

很多畢業生初次擇業時往往會選擇大企業，而對中小企業不屑一顧。然而大企業招人畢竟有限，並且大企業往往是從小企業發展起來的。選擇一個有潛力的小企業並和企業一起成長，你的收穫會更多。

無論任何時候，企業想要的員工，當然都是那種將企業與自己看成一體，對企業忠誠的員工。

齊瓦勃是伯利恒鋼鐵公司——美國第三大鋼鐵公司的創始人。15歲那年，家中一貧如洗的他到一個山村做了馬夫。三年後，齊瓦勃有機會來到鋼鐵大王卡內基所屬的一個建築工地打工。在建築工地上，當其他人都在抱怨工作辛苦、薪水低並因此而怠工的時候，齊瓦勃卻一絲不苟地工作著，並且為以後的發展而開始自學建築知識。

一天晚上，同伴們都在閒聊，唯獨齊瓦勃躲在角落裏看書。那天恰巧經理到工地視察，經理看看齊瓦勃手中的書，又翻了翻他的筆記，什麼也沒說就走了。

第二天，公司經理把齊瓦勃叫到辦公室，問：「你學那些東西幹什麼？」

齊瓦勃說：「我想，我們公司並不缺少打工者，缺少的是既有工作經驗、又有專業知識的技術人員或管理者，對嗎？」

經理聽了點了點頭。不久，齊瓦勃就被升任為技師。

齊瓦勃總是說：「我不光是在為老闆打工，更不單純是為了賺錢，我是在為自己的夢想打工，為自己的遠大前途打工。我們只能在認認真真的工作中不斷提升自己。我要使自己工作所產生的價值，遠遠超過所得的薪水，只有這樣我才能得到重用，才能獲得發展的機遇。」

抱著這樣的信念，齊瓦勃一步步地升到了總工程師的職位上。25歲那年，齊瓦勃做了這家建築公司的總經理。後來，齊瓦勃終於獨立建立了屬於自己的大型伯利恒鋼鐵公司，並創下了非凡的業績，真正完成了他從一個打工者到創業者的飛躍，成就了自己的事業。

在工作中，你也應該像故事中的齊瓦勃一樣，做到不只為薪水而工作。當你一心一意地為公司謀求發展的時候，自然也會得到相應的回報。

在職業的人生路上，如果你不趕快一心一意只走一根鋼絲，到頭來往往是一事無成。現在，一旦你認準了一個好的老闆，就要拋開其他的雜念，一心一意做下去，切莫首鼠兩端，身在曹營心在漢。專心執著雖也未必成功，但三心二意做事卻一定會失敗。

6．跟這樣的老闆難有成就

在商海中拼搏，老闆自身的素質非常重要。一個老闆如果具備精明的商業頭腦和高超的生意手腕，成功就會近在咫尺。但如果在性格、心理方面存在弱點，也會導致經營的失敗。如果希望能夠和老闆共同開創出一片事業，就一定要擦亮眼睛，選擇一支「潛力股」。

什麼樣的老闆不能跟？

一、多疑的老闆

通常這類老闆都有慘痛的經驗，一朝被蛇咬，十年怕井繩。如果你是分公司的主管，你經常會在非上班的時間接到這類老闆的電話。如果你是基層職員，這類老闆會經常在你面前表示他對你上司的關切。而且他們總是懷疑他的錢不知道花到哪裏去了，給他看賬他不看，就連銀行出具的單據都能懷疑有問題。

這類老闆主持的公司，通常沒有上軌道的制度。原因之一是這類老闆尚未精明到可設計一套足以防弊的制度（當然別人可代為設計，然而老闆絕不信任別人設計的制度）；原因之二是這類老闆所持的觀念是人治勝過法治。跟隨這種老闆，心理負擔之重可想而知。更嚴重的是，經常有無處可伸的不白之冤。

多疑的老闆，即使他能成就一番事業，然而你永遠也無法得到重用，只不過淪為他成功的墊腳石。碰到這樣的老闆，還是敬而遠之為好。

二、優柔寡斷的老闆

對於公司來說，作出決策的時機極為重要。即使決定正確，一旦錯過了機會，這種決定不僅不能起到什麼作用，反而會給經營帶來不利。

失敗的老闆中有很多都有優柔寡斷的毛病。他們猶豫不決，延誤了作出果斷決策的良好時機，錯過了難得的機會。如果你有優柔寡斷的毛病，就應該有意識地去改正它。果斷的性格，可以使你在形勢突然變化的情況下，快速地分析形勢，當機立斷，不失時機地作出正確的決策，迅速適應變化了的情況。

三、喜新厭舊的老闆

喜新厭舊的老闆，往往會有這樣一個特點：言而無信。與這類老闆共事，通常會遇到如下的情況：剛剛進入公司，老闆便經常在你面前說一些資深員工哪裏不好，哪裏不對。過了一段時間，一定會有其他新進員工加入公司（這類公司通常員工流動率極高），老闆開始在你面前誇讚新進入員工多麼優秀。甚至有時候，你經常會聽到老闆提及哪位員工不能用，不適合公司。當然，這段期間你可以見到幾幕戲劇化的離職事件。最後，同樣的故事會發生在你身上。而在你遞出辭呈，或者老闆以某種婉轉的方式請你走開時，他會告訴你「我們以後還是好朋友」。

這類老闆不能客觀地評估員工的績效，即使你做好了99件事，但第100件事搞砸了，你就很難在老闆面前再有翻身的機會。除非你能保證，你的工作績效永遠令老闆滿意；否則，你應該有隨時準備走開的心理準備。

四、事必躬親的老闆

老闆之所以要事必躬親，在大部分情況下是因為對下屬的工作能力不信任，認為如果自己不從頭跟到尾就不放心。但是，如果老闆凡事不問大小，皆要親自參與，他的下屬怎能獨立呢？無法獨立的下屬自然出錯的機會就大，特別是，當事必躬親的老闆不在場的時候。

如果一個公司老闆捨不得手中的權力，他的能力也不足以發展壯大自己的公司。除此之外，事必躬親的老闆也無法留住真正的人才。一位有創意、有膽識的人才絕不希望老闆常在左右。同樣的，一家留不住人才的公司，你怎能期望它有良好的績效呢？

五、朝令夕改的老闆

朝令夕改，會喪失公司的權威性。企業環境不斷地變化，公司決策當然也需相應地改變。然而任何決策的成敗，均需經過一段時間的證明。如果你的老闆只有積極性，但缺乏耐心的美德，你花費許多時間所策劃的方案，他在實行三天之後就可以將之取消；或者你花費數個月醞釀的計畫，往往因為訪客的一句話而告全盤推翻；更令人沮喪的是，根據老闆指示而做成的計畫，往往石沉大海一樣擱在老闆的抽屜裏。

當然，這類老闆會將他的做法解釋為當機立斷。這種老闆永遠不會了解，不去決策也是一種決策。你會發現，這種公司上上下下都很忙，忙著收拾殘局，忙著挖東牆補西牆。老闆一天到晚都在提出「新藥方」，但他永遠都不會了解到，有些「疾病」只有時間可以治癒。

六、虛榮心強的老闆

中國的文化中，有一種叫做面子文化。中國的老闆太愛面子，恥於下問；即使出現失誤，老闆也會為顧全面子而文過飾非。

經常可以看到失敗的老闆當中有自尊心強的不著邊際的人，其實這主要是虛榮心強的緣故。虛榮心強的人，無論如何也要撐門面，徒有虛表地做超過本人實際能力的事情。這樣的人必須注意，無論做什麼事都要與自己的能力相稱，面子、虛榮等必須拋棄。然而，難辨的是，當事人絕不認為自己有虛榮心。自我認識不清，就會陷入危險的境地。

在管理中，明智的老闆不會在意面子上的優越感，平易近人的老闆更容易得到下屬的愛戴、信任與合作。

七、貪心的老闆

天下沒有白吃的午餐。又要馬兒好，又要馬兒不吃草，這種老闆只能稱為不知何所取、不知何所捨的老闆。他們巴不得你能一天24小時都在工作，卻不多給你一分錢，甚至想方設法地克扣你的工資。

到頭來，這樣的老闆難免會因小失大。成功的老闆應該懂得什麼是放長線釣大魚。抓雞不著蝕把米的老闆，到最後一定是兩手空空的。知所取、知所捨是成功老闆必須具備的一個條件，割捨是一件很痛苦的事。如果你的老闆一直在細節上斤斤計較，你就應該重新慎重地考慮了。

白領口中的老闆（BOSS）指的並非真正的企業負責人，而是只要是他的直屬上司，就稱之為「我的老闆」。在工作中，每個人都要同老闆打交道。雖然從本質上講，老闆與部屬是同志之間的關係，然而在工作中，因為老闆的個性不同、工作方式不同，老闆和下屬之間也會產生一些矛盾和爭議。可以說，學會如何正確與老闆相處，直接關係到工作的順利開展與個人的成長進步。

在工作中，不要單純地以為將工作做好就萬事大吉，還要掌握與老闆相處之道。能夠和老闆和諧相處，就可以在工作中形成一種融洽的氣氛，你的工作就可以進行得十分順利；否則，你工作起來就會處處受到牽制，甚至整個工作都會變得令人無法忍受。想在職場中一帆風順，就必須掌握與老闆相處的技巧。

7．和上司一起工作的方法

上司有很多種，他們既有特定的思維方式和行為特徵，又有特定的權力和義務。你如果想在公司謀求發展，就必須了解他們的想法、做法，了解他們的一言一行。

上司也是人，這是沒有任何可以值得懷疑的。他們和我們一樣都是有血有肉、有情有義的人，只是他們比一般人多了一些物質罷了。上司是有能力、有智慧、有魄力的人。他與一般雇員之間存在著明顯的距離，這些距離主要表現在各自所處的位置不同、思維方式不同、做事的方法和考慮問題的角度不同。因為上司在公司中扮演著舉足輕重的角色，他承擔著更多的責任，處理著各方面的問題等，這一點我們應該認識到。

每個人面對的上司，也不盡相同。

人的一生中有三分之一的時間是在公司度過的，在這工作的期間裏，能夠保持輕鬆愉快的心情，對你8小時以外的私人生活是有益處的。如果你與上司關係惡劣，憎惡和怨恨的心情就會常常折磨你，這樣一定會影響你的生活，這也是個高手不應有的行為。

因此，要求你對上司要多一分理解，多一點尊重，逐漸消除他對你的戒備，進而讓他信任你、提拔你。

要想得到上司的賞識，成為上司的知心人，就需要在平時多與上司交往。接觸上司需要足夠的勇氣，需要舉止自然。接觸上司的機會、管道有許多，需要積極去創造。要達到與上司心往一處想、勁往一處使的境界，作為下屬就必須經常出現在上司的周圍，加強與上司的溝通，增進相互之間的了解。

有些人心理素質較差，在上司面前膽怯畏懼，縮手縮腳，言談舉止極不自然，經常由於過分緊張而弄巧成拙，這樣會給上司留下不好的印象。在與上司接觸或溝通時，要有足夠的勇氣，抱著上司是人不是神也不是仙，沒什麼可怕的輕鬆自然的心理，使自己敢於與上司平等相處、平等交流工作意見。

與上司接觸多了，上司對你的能力和作為有所了解，經常會交辦一些或大或小的事情，面對這難得的機會，你一定要盡心盡力、圓滿完成，為自己的發展鋪好每一塊磚。

在與上司共事時，不可避免地會產生這樣或那樣的矛盾。有矛盾並不可怕，只要正視它，運用自己的智慧和技巧來化解，就能夠消除上下級之間的誤解和隔閡。如果掉以輕心處理不當，誤解便會加深轉化為成見，隔閡演變成鴻溝，這對你是十分不利的。

由於上司與下屬之間缺乏足夠的交流，不十分了解彼此之間的情況，因而在判斷一些事情時加入了太多的主觀色彩和個人的心理因素，導致雙方相互的不客觀認識的推測，誘發誤解或形成隔閡。

由於上司的事務繁忙，責任重大，處於中樞性的崗位，他不會主動找下屬去溝通，他可能通過各種管道來對下屬進行了解。這樣就容易出現缺乏對下屬的全面、直接和感性的認識，容易受他人意見的影響，憑個人直覺和主觀判斷，對下屬的言行產生誤解。

這時的你就要及時主動地消除它，不讓它在上司的腦海中形成定勢，消極迴避和等待都將對自己不利。只會讓矛盾越積越深，要採取主動溝通，積極接觸的措施，找準機會，走上前去，向上司表明你的真實意圖，使上司重新對你有一個全面的了解。

必要時，下屬可以針對上司對自己的誤解開誠佈公地坦白來談，這樣可以直截了當地把問題敞開，容易解開誤解的結。這時，作為下屬的你一定要對自己存在的缺點特別是對上司已經指出或有所察覺的缺點要勇敢地承認，並要表示認錯改正的決心。

永遠不要忘記你上司的時間比你的更寶貴。當他交給你一項特殊任務時，請記住不管你正在忙什麼，上司交待的活都是更重要的。如果上司出現在你的面前，你正在打電話，及時掛掉，讓上司等候是一種缺乏尊重的表現。如果你正在與客戶談一筆重要的生意，用目光交流、用嘴形告訴他你正在與客戶談生意或快速寫張紙條說明一下，要對上司的出現作出反應。

凡事都向上司請示、不負責任或害怕負責任的人，通常都缺乏創造性，所以他們對於企業的發展沒有什麼好處，更不可能為上司分擔工作，甚至去做一些富有建設性或創造性的事情。

當上司要你接手一份額外的工作時，請把它視作一種讚賞。這可能僅僅是一個小小的考驗，看看你是否能承擔更多的責任。

千萬不要對你的上司說「不」或「我沒時間」。那聽起來就像你不願服從他，你應該使用「請您放心，我會想辦法完成這項工作的」來回答。

從一般情況看，愛跳槽的人，對企業自身的相對穩定和管理工作，總是帶來這樣或那樣的麻煩，自然不受上司們的歡迎。

沒有人喜歡滿腹牢騷的人，人們更願意同樂觀開朗、生活態度積極的人交往。在你最沮喪的日子裏，也要盡力向上司和同事顯示出你最快樂的一面。

在任何情況下都能保持從容冷靜的人，往往會贏得榮譽。上司和客戶都非常欣賞那些在困難或緊急情況下能出色完成工作的人。如果你始終保持從容冷靜，那麼一旦發生問題，你也能很快地找到解決辦法，而且能在上司和同事面前顯示出精力旺盛，工作起來有條不紊，成為一名訓練有素的職業能手。

一旦你成為決策者，做決定時要快速而堅決，不要優柔寡斷或過於依賴他人的意見，要小心謹慎地權衡。及時迅速地作出決定是成功決策者的必要條件。

一旦工作出現失誤，要快速對情況作出評估，制訂出控制損失的可行性計畫，然後直接找上司告知問題所在以及你準備採取的解決辦法。決不要沒有設計好自己的建議，就帶著「我應該怎麼做」的問題去找上司。

當然最重要的一點還是要有實力。如果自己什麼都幹不了或是幹不好，其他做得再好，上司也不會把重要的工作交給你。努力充實自己吧！

8．學會與不同性格的上司相處

五十幾歲的邱女士是一家小企業的老闆。經過這些年來的摸爬滾打，邱女士如今在事業上可謂已是小有成就。同時，經歷太多的人情世故後，邱女士磨礪成了好強、尖刻的性格。

邱女士的企業「養」著一群人，按理來說，大家應該比較「感謝」她給了他們一個穩定的環境、一份穩定收入的工作。但是大家在背地裏，卻「討厭」這個的老闆。當員工做錯了事後，邱女士在公司經常會很不給人面子地大罵員工，甚至會動手去戳員工的頭；她還很小氣，經常在和員工加班得太晚了，說是叫計程車送員工回家，可為了省錢會用半個多小時的時間和司機談價錢，把車資打個八折。只要她一走進辦公室，氣氛就變得十分緊張，她手下的「老鼠們」特別怕她這隻「貓」。

和例子中的邱女士一樣，每個人都有他自己的性格、愛好等特點。不同的上司，也會有不同的性格。大體來說，有以下幾種類型的上司。

一、固執型上司

這類老闆對自己的領域非常了解，他堅信每個問題都只有一個解決的辦法。他自認為是權威，聽不進不同的意見。在這種類型的上司手下做事，一定要謹慎，切忌以說教的口氣跟他說話。另外，在他發脾氣的時候千萬別吱聲。等他說完了，你再說「我一定照您的要求去辦。」

二、沉默型上司

你得學會從他的隻言片語中，找到他的要求以及他對你的評價。這就要求你在平時得多注意，少說話，多做事。

三、小心眼的上司

小心眼的上司凡事喜歡斤斤計較，以自我為中心，樣樣事情都希望你對他「坦白交代」。與這樣的老闆打交道，你千萬不能疏忽小細節，給他留下一個「瞞上」和不尊敬上司的印象。哪些問題他會感興趣，哪些資訊對他是不可以漏掉的，哪種工作彙報方式他易於接受……你從一開始就要仔細觀察他的「興趣愛好」，凡事想在他前面，講在他問你之前，久而久之，你就會使他的小心眼沒有用武之地。

四、外向型上司

外向型上司一般性格比較直爽，說話做事喜歡直來直去，不會在背後「算計」員工。對於上司所提出的工作要求，你認為對的，趕快去做，否則夜長夢多；你認為不對的，不必當面爭辯，只要口頭接受，手中不動，過些時候他自知不妥就不再提起了。遇上一位豪爽的上司，實在是值得慶幸。只要善用你的能力，表現出過人的工作成績，一旦時機成熟，絕對不用擔心沒有發展的機會。

五、愛發脾氣的上司

上司也是人，也會情緒不好，也許是他的家庭中產生了問題，或者工作出了故障，他的上司批評了他。這時他也許找茬發一通脾氣或擺出一副難看的臉色。這時候你要沉住氣，不必馬上和他鬧情緒，因為這樣會更刺激他。等他情緒平定之後，你再找他解釋。這樣更明智，效果也會更好些。說不定他冷靜以後會主動同你交流的。

六、與你稱兄道弟的上司

因為你幫老闆賺錢，因為你能為公司創造業績，這類上司可能會對你青睞有加，酒足飯飽之後可能還會與你稱兄道弟。但是，如果你把這當真，而對上司沒大沒小的話，恐怕你就要倒楣了。當你真的犯了大錯誤的時候，他就會露出本性。這個時候不僅誰也幫不了你，你還得賠償自己所造成的損失，甚至還有被炒魷魚的危險。所以，千萬不能把上司當成自己真正的朋友。請記住，在工作上你需要的是一個領導，而絕不會是一個真正的知己。

七、挑刺型上司

這樣的上司往往對員工比較苛責。在他手下做事，很難讓他說一個「好」字。就算你盡力了，並自我感覺良好，但他還是會隨時提出小缺點來。在他眼中，沒有最好，只有更好。和這種上司相處，為了使他滿意，往往無形中會背負上很大的壓力，但事實上這是很不現實的。所以，你在向他彙報一項工作的時候，儘量讓他知道這是在他的帶領之下完成的。有什麼指點，一定會按領導的意思去辦。

楊倩的頂頭上司是個挑剔的人。楊倩的工作總是得不到他的認可，做什麼事他都不滿意。

這讓楊倩非常苦惱，她絞盡腦汁去「討好」上司，毫無效果。會議上，上司無視她的意見；當楊倩發言時，上司和別人聊天，還不時譏笑她。公司裏迅速傳播著有關楊倩的惡意流言。明知道這些都是上司散播的，但是她不到證據。更可怕的是，每年的考核評定，上司總是對楊倩說同樣的話——我想你應該再找另一份工作了吧。

儘管已經竭盡所能，累到透支，楊倩還是無法改變上司的態度。

在這個案例中，「上級」正是不合格的上級。首先，他對員工的標準不是公司的，而是個人的，他也並不同當事人進行必要的溝通，而是採取了不正當的行為。楊倩則可能是由於觸動了上司的一些工作或做人標準，所以才會招致上司的惡言惡行。在工作中，楊倩如果不了解這些，恐怕很難改變她自身的境遇。

上司有很多種，賢明通達之士，自然是好相處，如果不盡如人意，我們怎樣對付？

上司的類型是各種各樣的。為了適應不同的上司的做事風格，就必須善於保存自己、掩護自己，能應付各方面人物，應付各種局面。所以說，聰明些、圓滑些，並不是毛病，恰恰是作為一個下屬應具備的素質。

9．在老闆面前保持低調

低調做人既是一種姿態，也是一種風度，一種修養，一種品格，一種智慧，一種謀略，一種胸襟。低調做人就是用平和的心態來看待世間的一切。低調做人，更容易被人接受。一個人應該和周圍的環境相適應，適者才能生存。曲高者，和必寡；木秀於林，風必摧之；人浮於眾，眾必毀之。甚至可以說——低調做人是一個人成就大事的最起碼的前提。

低調做人，可以理解為深藏不露，這是一種智謀。過分地張揚自己，就會經受更多的風吹雨打，暴露在外的椽子自然要先腐爛。一個人在社會上，如果不合時宜地過分張揚、賣弄，那麼不管多麼優秀，都難免會遭到明槍暗箭的打擊和攻擊。

跟老闆共事，更應該保持低調的姿態，在低調中修煉自己。低調做人無論在官場、商場還是政治軍事鬥爭中都是一種進可攻、退可守，看似平淡，實則高深的處世謀略。

即使你才華橫溢，即使你表現得比老闆還像老闆，但也要保持低調。才大不可氣粗，居功不可自傲。即使你在個人能力上極其藐視你的老闆，但你也要記住：老闆之所以是老闆，自有他高於你的方面。也許在用人上，也許在使用計謀上。如果你不自量力，樹大招風，你可能就要倒楣了。所以，保持低調，才是做人的根本。

為人低調，不僅避免功高蓋主，而引起主上的忌恨；同時，還有助於你處理好同事之間的關係，消弭無謂的爭鬥。誰不喜歡有一個不貪功、不爭利，為人謙和的同事呢？

聰明的人，不應該讓同行感到受威脅，也不能讓上司感到你比他強，而讓他有種隨時會被你取代的危機感。如果你想向上司提出忠告，你應該只是在提醒他本來就知道不過偶然忘掉的東西，而不是需要你解釋說明的東西。

在和老闆一起出現的公共場合，一定要給足上司面子，不要搶了老總的風頭；要時刻牢記自己的身分，千萬不要做出越俎代庖的傻事。

陳明在一家外貿公司工作。他能講一口流利的英語，在與外商談判中，表現一直都非常出色。相比之下，陳明的主管就顯得遜色多了。不僅個頭比陳明矮，其學歷、水準和能力也沒有陳明高。

有一次，在與外商談完業務後的宴會上，陳明得意地跟外商頻頻碰杯，瀟灑倜儻，用英語跟外商海闊天空地聊天，把自己的主管冷落到了一旁。在跟外商告別時，陳明竟然搶在主管面前跟對方握手告別，使得主管心裏很不高興。沒過幾天，陳明就被調到了另外一個不重要的部門。

後來，陳明才聽說是這個主管向經理打了自己的小報告，說陳明太浮躁，不適合做業務。經過朋友提醒，陳明知道自己犯了個重大錯誤——越位，即沒有在職場上找對適合自己的角色。

你不顧上司的顏面，上司自然也不會顧及你的飯碗，這就是剛走向社會的年輕人需要認清的一個問題。總之，低調是一種智慧，低調是一種高明的處世風格——是與領導相處的黃金法則。懂得低調的人，必將得到人們的尊重，受到世人的敬仰。

在積極求取巔峰期的時候，不妨思及顏之推宣導的人生態度，試圖明瞭知足常樂的情趣，捕捉中庸之道的精義，稍稍使生活步調快慢均衡，才不易陷入過度偏激的生活陷阱之中。

10．學會溝通，讓老闆了解你

你今天做了哪些工作，取得了哪些成績，你的上司知道嗎？你本週做了哪些工作，取得了哪些成績，你的上司知道嗎？你認為自己工作努力，但是老闆不會整天在你身邊監督你，老闆要的只是結果。

林芳是一個坦誠、直率的女生，有什麼說什麼。她的性格在求學的期間，一直很受老師和同學的歡迎。

林芳在大學裏學習的是人力資源管理專業，畢業後，經過一段時間的求職、面試，林芳最終選定了東莞市的一家研究生產食品添加劑的公司。她認為這家公司規模適中、發展速度很快，最重要的是該公司的人力資源管理工作還處於嘗試階段，如果林芳加入這家公司，她將是人力資源部的第一個人，這正是她的專業。因此她認為自己施展能力的空間很大。

然而現實很快就給她潑了冷水。原來該公司是一個典型的小型家族企業，企業中的關鍵職位基本上都由老闆的親屬擔任，其中充滿了各種裙帶關係。林芳覺得自己的工作處處受到掣肘，因此決定向老總提些建議：

「我來公司已經快一個星期了，有些想法想和您談談。據我目前對公司的了解，我認為公司主要的問題在於職責界定不清；雇員的自主權力太小，致使員工覺得公司對他們缺乏信任……」

林芳按照自己事先所列的提綱開始逐條向徐經理敘述。

徐經理微微皺了一下眉頭說：「你說的這些問題我們公司也確實存在，但是你必須承認一個事實——我們公司，是個賺錢的公司，這就說明我們公司目前實行的體制有它的合理性。」

「可是，眼前的發展並不等於將來也會具有競爭力啊！許多家族企業都是敗在管理上。」

「好了，那你有具體的方案嗎？」

「目前還沒有，這些還只是我的一點想法而已，但是如果得到了您的支持，我想方案只是時間問題。」

「那你先回去做方案，把你的材料放這兒，我先看看然後給你答覆。」說完徐經理的注意力又回到了研究報告上。

林芳此時真切地感受到了不被認可的失落，她似乎已經預測到了自己第一次提建議的結局。

果然，林芳的建議書石沉大海，徐經理好像完全不記得她的建議這回事了。

林芳剛畢業，急於體現自己的價值，缺乏實踐經驗，對現實的看法比較理想化，所以與經理溝通時沒能達到效果。與領導溝通，就要認清現實，一切從實際出發，不要給領導造成衝動、莽撞的印象。

溝通是一種重要的技能，在和上司的溝通中需要不斷地提高自己的技能，比如在溝通內容上，要堅持使自己觀點清晰、重要內容有理有據，而且能夠被理解；在溝通方式上，採用上司容易接受的溝通頻率、語言風格、態度、情緒，剛開始的時候最好更多地採用面對面溝通的方式，熟悉之後可以採用電話、電子郵件的方式。

同時，在職場之外，也要讓老闆了解你的為人。在職場外，有的人為了一開始給老闆一個所謂的「好印象」，扭曲自己，曲意奉迎，結果搞得自己很累。和老闆相處，要讓老闆很清楚地知道你喜歡的是什麼、不喜歡的是什麼。要有自己的做事準則以及做人的態度。

11．勇於承擔責任

哪天我們上班遲到了，當老闆問起的時候，我們多半會說：「今天太堵了，所以遲到了！」、「今天公車來晚了……」、「今天下雨路上很塞……」、「今天……」但很少有人這樣說：「對不起，這是我的錯！」試問，一個連上班遲到這樣的小錯都不敢面對的人，他能夠去承擔更大的責任嗎？要勇於承擔責任，而不是尋找藉口，這是與老闆相處時需要注意的。

上班時，工作就意味著責任，崗位就意味著任務。在這個世界上，沒有不需承擔責任的工作，也沒有不需要完成任務的崗位。

有句諺語：「要怎麼收穫，先怎麼栽種。」也就是說，如果我們在工作和生活中養成了盡職盡責的習慣，那就等於為未來的成功埋下了一粒飽滿的種子，一旦機會出現，這粒種子就會在我們的人生土壤中破土而出，成長為一棵參天大樹。

一個星期天的下午，一群男孩在公園裏做遊戲。在這個遊戲中，有人扮演將軍，有人扮演上校，也有人扮演普通的士兵。有個「倒楣」的小男孩抽到了士兵的角色，他要接受所有長官的命令，而且要按照命令絲毫不差地完成任務。

「現在，我命令你去那個堡壘旁邊站崗，沒有我的命令不准離開。」扮演上校的亞歷山大指著公園裏的垃圾房神氣地對小男孩說道。

「是的，長官。」小男孩快速、清脆地答道。

接著，「長官」們離開現場；男孩來到垃圾房旁邊，立正，站崗。

時間一分一秒地過去了，小男孩的雙腿開始發酸，雙手開始無力，天色也漸漸暗下來，卻還不見「長官」來解除任務。

一個路人經過，看到正在站崗的小男孩，驚奇地問道：「你一直站在這裏幹什麼呢？下午進公園的時候我就看見你了。」

「我在站崗，沒有長官的命令，我不能離開。」小男孩答道。

「你，站崗？」路人哈哈大笑起來，「這只是遊戲而已，何必當真呢？」

「不，我是一名士兵，要遵守長官的命令。」小男孩答道。

「可是，你的小夥伴們可能已經回到家裏，不會有人來下命令了，你還是回家吧。」路人勸道。

「不行，這是我的任務，我不能離開。」小男孩堅定地回答。

「好吧。」路人實在是拿這位倔強的小傢伙沒有辦法，他搖了搖頭，準備離開，「希望明天早上到公園散步的時候，還能見到你，到時我一定跟你說聲『早上好』。」他開玩笑地說道。

聽完這句話，小男孩開始覺得事情有一些不對勁：也許小夥伴們是真的回家了。於是，他向路人求助道：「其實，我很想知道我的長官現在在哪裏？你能不能幫我找到他們，讓他們來給我解除任務。」

路人答應了。過了一會兒，他帶來了一個不太好的消息：公園裏沒有一個小孩子。更糟糕的是，再過10分鐘這裏就要關門了。

小男孩開始著急了。他很想離開，但是沒有得到離開的准許。

難道他要在公園裏一直待到天亮嗎？

正在這時，一位軍官走了過來，他了解完情況後，脫去身上的大衣，亮出自己的軍裝和軍銜。接著，他以上校的身分鄭重地向小男孩下命令，讓他結束任務，離開崗位。軍官對小男孩的執行態度十分讚賞。回到家後，他告訴自己的夫人：「這個孩子長大以後一定是名出色的軍人。他對工作崗位的責任意識讓我震驚！」

軍官的話一點沒錯。後來，小男孩果然成為一名赫赫有名的軍隊領袖——布萊德將軍。

在今天這個時代裏，雖然到處都呈現出了一片日新月異的景象，為人們提供了很多發展自己人生和事業的機遇。但是許多人的身上也滋生出了一種自由散漫、不負責任的習慣。使得職場人心浮躁，彷彿因為各行業的林立崛起，只要一技在手，何愁沒有落腳之地，於是對什麼樣的工作都是抱著可幹可不幹的態度，反正這家不行可以換另一家。正是這樣的態度，才使人工作無起色，居住無定所，看似擁有很多的擇業自由，實際上是追著工作來回在城市裏奔走。

這些人往往不願受約束，不嚴格要求自己，也不認真負責地履行自己的職責。面對一切崗位制度和公司紀律，都在內心深處嗤之以鼻，對一切組織和機構中的崗位制度都持一種抵觸情緒和懷疑態度。在工作和生活中，以玩世不恭的姿態對待自己的工作和職責。對自己所在機構或公司的工作報以嘲諷的態度，稍有不順就頻繁跳槽。

他們在團體中，如果沒有外在監督，根本就無法工作。他們對自己的工作推諉塞責，故步自封。任何工作到了他們的手裏都不能認真對待，以至年華空耗，事業無成。又何談什麼謀求自我發展、提升自己的人生境界、改變自己的人生境遇、實現自己的人生夢想呢？

要知道，你雖然有權利選擇最輕鬆、最愜意且不用負任何責任的工作，但是，老闆也有權利選擇最敬業、最有責任感、最能吃苦的員工。如果對上司交辦的事務和其他部門商請的工作，能推就推，慣以「這事我做不了」、「你還是找別人吧」、「這根本就不是我的錯……」這類藉口，來推卸責任的話，最後你會發現，你已經成為企業裏可有可無的邊緣人了。

生活總是會給每個人回報的，無論是榮譽還是財富，條件是你必須轉變自己的思想和認識，努力培養自己盡職盡責的工作精神。責任勝於能力，一個人只有具備了盡職盡責的精神之後，才會產生改變一切的力量。

12．與老闆建立互信

信任危機經常發生在老闆與員工之間。

一方面，老闆喜歡在員工工作的時候，一天到晚地盯著，生怕你光拿錢不幹活，由此老闆與員工之間產生了嚴重的信任危機。還有一種老闆，老闆對屬下的工作能力缺乏信任。比如，老闆看著員工做的沒有自己好，自然而然十分著急，這樣就忘了自己的原則，就會事事插手。

另外，如果你的老闆非常謹小慎微，非常在意他的事業生涯，他也會事無巨細地去關心你的工作，以免犯了錯誤，影響到他的前程和名聲，在這種老闆手下做事情當然不會太舒服。有誰願意像個小學生那樣背後老有個人監督著呢？

換個角度來說，如此員工也很難對老闆產生信任。許多員工認為自己只是一個打工者，與公司只是一種雇傭與被雇傭的關係，甚至有意無意地將自己置於與老闆或上司對立的地位，連溝通都無法順利進行，就更談不上什麼信任了。

員工與老闆之間缺乏信任，小則影響公司內部團結，大則關係到企業的存亡。那麼，如何與老闆建立互信的關係呢？

首先，要端正自己的態度。儘管基於不信任，領導關心下屬的工作，也是為了讓你的工作更好地完成。當老闆過問工作的時候，應該客觀、理智地來看待。

其次，信任源自一點一滴，當你抱怨自己的老闆總是沒完沒了影響你的工作的時候，你也應該好好反省一下自己在哪些方面做得不好，你是不是按時上班，按時參加會議，會議佈置的任務是否按時完成，是不是總在犯同樣的錯誤，你如果沒有做到這些，那就要馬上開始作出改變，在你徹底改變之前，老闆的任何形式的介入都是很正常的。

最後，雖然說員工和老闆之間是雇傭關係，但現在沒有人會把這種關係看做是剝削者與被剝削者之間的關係。既然和老闆一起打拼，當公司真的有困難的時候，你也應該恪守職業道德，體諒老闆的艱辛和困難，努力工作，給老闆一個機會，同時也要給自己一個機會。

第二章

人脈可以決定你的身價

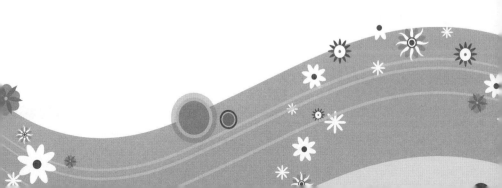

在人生中，有一種被稱為「人際資產學」的感情戶頭，應視此為個人的本錢。這種「人際資產」在你面臨事業上的競爭、拓展與人際事務時，就可能會產生很大的助益。而隨著歲月的累積，這些持續下來的人際關係也將變得更堅實、更可靠。因此，不僅才華是你的資源，人際也一樣重要，它們是你生涯規劃中不可或缺的兩個利器。

1．必須好好研究人

美國好萊塢流行一句話：「一個人能否成功，不在於你知道什麼，而是在於你認識誰！」這句話不是叫人不要培養專業知識，而是強調「人脈是一個人通往財富、成功的入門票」。

專業與人脈競爭力是一個相乘的關係，如果光有專業，沒有人脈，個人競爭力就是一分耕耘，一分收穫。但若加上人脈，個人競爭力將是「一分耕耘，數倍收穫」。

新東方學校的俞敏洪講過一句話，他說：「你要想知道你今天究竟值多少錢，你就找出身邊最要好的三個朋友，他們收入的平均值，就是你應該獲得的收入。」這句話確實很有道理。我們和我們身邊的人都是互相影響的，這種影響包括許多方面：能力、人際關係、上進心、態度等，這就勢必造成我們之間的收入呈現一致性和平均化。三個朋友決定你的身價。

要想賺取更多的人脈，除了感情溝通，還要不斷積累對於人的認識。

當你把「人」研究明白了，做任何事情都會容易得多。因為我們的大部分工作，都是需要與人打交道。甚至很多時候，如果我們能找到並促使合適的人來幹某項工作，我們自己就可以甩手。關於「人」的學問很大，而積累的經驗越多，認識就會越深刻，越有利於我們的工作。

人在職場，必定會遇上形形色色的人，會與成百上千的人打交道。

每個人都有每個人的特點，每個人都有每個人的準則，只有判別各種人的特點，才能很好地與各種人打交道，才能在交往過程中有效地保護自己。

如果在職場上，認識不到「研究人」的重要意義，對於和自己打交道的人一知半解，甚至完全不了解，或者即使了解也不知道應該如何應對，那麼遲早會吃虧。運氣不好，甚至可能會栽在這上面。

在職場上「研究人」，至少包括以下三個方面：

首先，認識到「研究人」的重要性，通過思考和總結，掌握一套適合自己的方法和理論。其次，按照自己的判別標準，把職場人際關係圈中的人區分成四個類型：

一、是所謂的「好人」；

二、是「一般人」；

三、是「值得警惕的人」；

四、是所謂的「壞人」。

為什麼說要「按照自己的標準」區分呢？因為世界上不存在絕對的好人或壞人。所謂的好、壞之分，完全是由於判別標準不同所致。

判別標準也是相對的，不存在絕對性，因人、因時、因地、因事而異。有人認為「對我好的人，就是好人」，有人則認為「大多數人認為是好人，就是好人」。

區分了類別後，就需要區別對待。對於所謂的「好人」，就要充分信任，將其納入自己人際關係的「核心圈」，經常交心；對於「一般人」，要正常交往，但不可走得太近，保持不即不離的方式；對於「值得警惕的人」，要盡可能保持距離，避免過多接觸；對於「壞人」，可以採取不理睬主義，也可以採取對抗的拒絕方式。

我們遇到一個人，就要想：對方是什麼樣的人呢？什麼事情對他最重要呢？他怎樣才會高興呢？在何種狀況下會覺得厭惡呢？

人有各種類型，千差萬別，而每個人認為最重要的事情也不一樣。「錢最重要」、「地位、名譽、體面是最重要的」、「信賴感是最重要的」、「安全第一」、「自由比任何東西都可貴」等，每個人的價值觀都不一樣。這些都是需要事先了解的。

你同樣對人好，也許A先生會感謝你，B先生卻會覺得你很囉唆。這時候，你應該想：A先生是喜歡他人關心的類型，而B先生則是不喜歡受到他人的干涉，喜歡自由自在的類型。人是千差萬別的，即使你認為自己了解對方，最後還是會做錯事情。但是，你無法深入了解對方，所以不妨採取某種程度的模式化。

人有兩大類型，即情緒派和實質本位派。前者和藹可親，善於交際，對他美言幾句，就會感到高興。後者呢，與其說他喜歡聽表面的話，倒不如說他更加重視內容。

例如，在進行會話交流的時候，有的人喜歡從寒暄開始，比如「今天好熱呀！」或是最近流行話題等，而有的人卻會「你有什麼事？趕快切入主題吧！」

這種人在不忙的情況下也喜歡這樣，說明是屬於實質本位的人。

一般而言，歐美的客戶喜歡這種實質本位的談話，在他們之間並非不喜歡聊天和打招呼，而是喜歡在談完正事之後再聊。立刻導入主題的人，是屬於歐美系統的作風。而東方國家往往是喜歡在寒暄之後再切入主題；否則，就會被批評為「不懂得人情世故」無禮之人。

通常女性是屬於招呼語前置型，男性則是屬於切入主題型。

我們應該在認同個人差距和個人異同之處後，再看其類型化。在有很多人工作或進出的公司裏，不難找到這樣的模範。

2．人脈是最經濟的投資

喜歡別人，又能讓別人喜歡的人，才是世界上最成功的人。成功的人們大多喜歡廣泛交際，並結成自己的「交際網」。比如，你要某人推薦幾個供你拜訪的朋友，如果這個人是個失敗的人，他好不容易才勉勉強強為你提供了一兩個人。成功的人就不同了，他們會推薦出一大堆朋友，而且是在長長的名單上尋找，因為名單上包括各式各樣的朋友。由此可以顯示出，成功者與失敗者在交友方面的差別。

成功的人大多是有關係網的人。這種網路由各種不同的朋友組成，有過去的知己，有近交的新朋友，有男的，有女的，有前輩，有同輩或晚輩，有地位高的，有地位低的，有不同行業的，有不同特長的，也有不同地方的……

這樣的關係網，才是一個比較全面的網路，也就是說，在你的關係網中，應該有各式各樣的朋友，他們能夠從不同的角度，為你提供不同的幫助；當然，你也要根據他們不同的需要，為他們提供不同的幫助。這才是關係網應當具有的特徵。

廣泛與人交往是機遇的源泉。交往越廣泛，遇到機遇的機率就越高。有許多機遇就是在與朋友的交往中出現的，有時甚至是在漫不經心的時候，朋友的一句話、朋友的朋友的幫助、朋友的關心等都可能化作難得的機遇。

在很多情況下，就是靠朋友的推薦、朋友提供的資訊和其他多方面的幫助，人們才獲得了難得的機遇。

每一個偉大的成功者背後都有另外的成功者，沒有人是自己一個人達到事業的頂峰的。假如你決心成為出類拔萃的人，千萬不能忽視人際關係，一定要建設好自己的人際關係網，因為這個關係網是能讓我們終身受益的一種資本。

一、以真誠換真誠

大家也許聽過這樣一個故事：一個生氣的男孩想向他媽媽大喊他恨她，又害怕受到懲罰，就跑出家，來到山腰上對著山谷大喊：「我恨你！我恨你！我恨你！」山谷傳來回應：「我恨你！我恨你！我恨你！」男孩吃了一驚，跑回家去告訴他媽媽說，在山谷裏有個可惡的小男孩對他說恨他。

於是，他媽媽又把他帶回山腰上並讓他喊：「我愛你！我愛你！」男孩按他媽媽說的做了，這回他發現有個可愛的小男孩在山谷裏對他喊：「我愛你！我愛你！」

如果你用真誠對待身邊的人，別人也會用真誠對待你，那麼到頭來，你將會贏得更多的友誼。

我們每個人，在自己所接觸的人中，會有各種各樣的人，他們中有與自己合得來的，也有合不來的。雖然我們有權利選擇和什麼樣的人來往，甚至可以儘量不和自己性格不合的人交往，但這絕不是一個英明的選擇。

因為無論在任何時候，我們都生活在一個集體之中，這就注定必須和這樣那樣的人相處，因此，我們只有積極主動地努力適應對方的性格特點，真誠地對待身邊的每一個人，才能建立起良好的人際關係。

二、保持適當的距離

人際交往是滿足人們需要的活動。心理學家霍曼斯早在一九七四年就曾經提出，人與人之間的交往本質上是一種社會交換，這種交換同市場上的商品交換所遵循的原則是一樣的，即人們都希望在交往中得到的不少於所付出的。其實得到的不能少於付出的一樣，如果得到的大於付出的，也會令人們的心理失去平衡。

人際交往要有所保留，初入社會的人常犯的一個錯誤就是「好事一次做盡」，以為自己全心全意為對方做事會關係融洽、密切。事實上並非如此。因為人不能一味接受別人的付出，否則心理上就會感到不平衡。「滴水之恩，湧泉相報」，這也是為了使關係平衡的一種做法。如果將好事一次做盡，使人感到無法回報或沒有機會回報的時候，愧疚感就會讓受惠的一方選擇疏遠。

留有餘地，好事不應一次做盡，這也是平衡人際關係的重要準則。

留有餘地，適當地保持距離，因為彼此的心靈都需要一點空間。

如果你想幫助別人，而且想和別人維持長久的關係，那麼不妨適當地給別人一個機會，讓別人有所回報，不至於因為內心的壓力而疏遠了雙方的關係。而「過度投資」，不給對方喘息的機會，就會讓對方的心靈窒息。留有餘地，彼此才能自由暢快地呼吸。

三、讓別人信任你

良好人際關係的一個重要條件就是人際信任。人的感情溝通是同質的：愛引起愛，嫉妒引起嫉妒，恨引起恨。這是感情的正相關效應。所以，我們只是以愛來喚起愛，以愛來回報愛，以信任來喚起信任，以信任來回報信任。

由於許多原因，現在的很多人在人際交往中存在的一個問題就是對他人難以信任，在有些人眼中，社會複雜得就像個大黑洞，你無法看清它的真面目；他人都是心懷叵測，不可相信的。因此，在與人交往過程中，疑慮重重，唯恐上當受騙。有些居心不良的人固然是要防備的，但畢竟是少數，不能因此連朋友也拒之千里。過分地狐疑、猜忌、不信任，會使人難於交友，無法形成相應的人際關係，在這種氛圍中工作學習都會受到影響，個人心理壓力也會很大。

但是，有些人容易走極端，在人際交往中對任何人都是以不設防的心態高度信任，這種做法也並不可取。有些人的鑒別能力不是很高，過度的信任他人會使人喪失應有的警惕，使別有用心的人有機可乘。

3．人人都是你的人脈金礦

在你的人脈網路中，只要你善於開發，每一個人都會成為你的金礦。在這裏，我們分享一下世界一流人脈資源專家哈威・麥凱是如何利用人脈來推銷自己，找到一份好工作的。

哈威・麥凱從大學畢業那天就開始找工作。當時的大學畢業生很少，他自以為可以找到最好的工作，結果卻徒勞無功。好在麥凱的父親是位記者，認識一些政商界的重要人物，其中有一位叫查理・沃德。

查理・沃德是布朗比格羅公司的董事長，他的公司是全世界最大的月曆卡片製造公司。四年前，沃德因稅務問題而服刑。麥凱的父親覺得沃德的逃稅一案有些失實，於是赴監獄採訪沃德，寫了一些公正的報導。

沃德非常喜歡那些文章，他幾乎落淚地說，在許多不實的報導之後，終於出現了一篇較正面而且公正的報導了。

出獄後，他問麥凱的父親是否有兒子。

「有一個在上大學。」麥凱的父親說。

「何時畢業？」沃德問。

「正好需要一份工作的時候，他剛畢業。」

「噢，那正好，如果他願意，叫他來找我。」沃德說。

第二天，麥凱打電話到沃德辦公室，開始，祕書只願意幫他轉達，後來提到他父親的名字三次，才得到跟沃德通話的機會。

沃德說：「你明天上午10點鐘，直接到我辦公室面談吧！」

第二天，麥凱如約而至。不想應徵會變成了聊天，沃德興致勃勃地聊麥凱父親的那一段獄中採訪，整個過程非常輕鬆愉快。

聊了一會兒之後，他說：「我想派你到我們的『金礦』工作，就在對街——品園信封公司。」

在街上閒逛了一個多月的麥凱，現在站在鋪著地毯、裝飾得高檔豪華的辦公室內，不但頃刻間就有了一份工作，而且還是到「金礦」工作。所謂「金礦」，是指薪水和福利最好的一個部門。

那不僅是一份工作，更是一份事業。42年後，麥凱還在這一行繼續尋找那個捉摸不透的「金礦」，而且成為了全美著名的信封公司——麥凱信封公司的老闆。

麥凱在品園信封公司工作當中，熟悉了經營信封業的流程，懂得了操作模式，學會了推銷的技巧，積累了大量的人脈資源。這些人脈成了麥凱成就事業的關鍵。

事後，麥凱說：「感謝沃德，是他給了我的工作，是他創造了我的事業。」你所認識的每一個人（不管你喜不喜歡對方），他們都有可能成為你生命中的貴人，成為你事業中的助力。

沃德，一個曾經身穿囚衣的犯人，都有可能成就一個人的人生和事業。要做個有心人，隨時隨地注意開發你的人脈金礦！

只要你善於開發，每一個人都會成為你的金礦。

4．要想人生成功與幸福，你就必須結交這五種朋友

「一個籬笆三個樁，一個好漢三個幫。」朋友是我們人生路上最不可缺少的。沒有關羽、張飛，劉備難成大業，沒有魏徵太宗的貞觀之治一定會大失顏色。如果在人生的道路上只有你一個人獨自默默前行，那你將是非常寂寞的，也是非常可悲的。

俗語說：「多個朋友多條路，多個仇人多堵牆。」

在現代社會，隨著生活節奏的加快，人們變得浮躁而功利，人與人之間的關係變得淡化，人與人之間有著太多分辨不清的是非真偽，以至於我們對「朋友」的稱謂產生了畏懼。那麼，真正的友誼究竟是怎樣的，人的一生到底需要什麼樣的朋友呢？美國作家

帕爾指出，「不要指望一位密友帶給你所需要的一切。」

孔子說：「君子和而不同，小人同而不和。」如同金庸筆下《射雕英雄傳》裏的「江南七怪」，他們的武功與性格各異，但是卻在立志行俠仗義這一點上相「和」。儒家談「交友」，兼顧兩面：一是志同道合，二是互相責善。

就志與道而言，是指尚未實現的理想或正在努力的方向，因此同歸而不排斥殊途，同時還要以「善」來互相期許和要求。

回到我們現實的社會生活中來，現代社會早已打破了自給自足的封閉狀態，在這個激烈競爭的年代，無論做任何事都需要大家協同才可能最快、最有效率地完成。所以，你必須結交朋友，這不但是如老夫子所說的人生意義，而且是現實生活的要求，只有這樣你才能通往成功的彼岸。

要想成功和幸福，必須結交這樣五種朋友。

一、成就你的朋友

這類朋友總會把你推向終點。他會不斷地激勵你，讓你看到你自己的優點，給你如何發揮自己優勢的建議。

這類朋友也可稱之為導師型。他們不一定是你的師長，但他們一定會在某些領域具有豐富的經驗，他們不會嫉妒你，也不會和你產生競爭。他們經常能在事業、家庭、人際交往等各方面給你提供許多建議。這種朋友會成為你最大的心理支柱，也常常會成為能夠「左右」你的「偶像」，成為你追求和努力的方向。

二、支持你的朋友

這類朋友會維護你和你的信念，在別人面前誇讚你，他們是你的最佳擁護者。這類朋友可稱為「夥伴型」朋友。當你遇到挫折時，這類朋友往往可以幫你分擔一部分的心理壓力，他們的信任也恰恰是你的「強心劑」；當你受到別人非議的時候，他會挺身而出為你辯護，站在你的一邊；當你落魄的時候，他會不加考慮地向你伸出援助之手。通過「你幫我，我幫你」，相互打氣，使得你們彼此成為對方成長的扶梯。

三、志同道合的朋友

這類朋友和你興趣相近，與他們在一起，常會有種心靈感應，俗稱「默契」。和他們交往會幫助你不斷地進行自我認同，你的興趣、人生目標或是喜好，都可以與他們分享。這種穩固的感受「共用」會讓你獲得心理上的安全感，因為有他們，你更容易實現理想，並可以快樂地成長。這樣的友誼會讓你們成為一輩子的朋友。

四、牽線搭橋的朋友

這類朋友在認識你之後，會很快把你介紹給其他的朋友認識。這樣的朋友可以稱為是「仲介型」的朋友。在你得意的時候，他們的身影可能並不多見；在你失意的時候，他們卻會及時地出現在你面前。他會發動他所熟悉的朋友，想各種辦法幫你牽線搭橋。他們始終願意給予你最現實的支持，讓你看到希望和機會。有了這樣的朋友，你會發現你的交友範圍在成倍地擴大，在不知不覺中你可利用的資源也在無形地增長。

五、開闊眼界的朋友

這類朋友能讓你接觸新觀點、新機會，對於人生也是必不可少。他們可謂是你的「大百科全書」。他們大都是知識廣、視野寬、人際脈絡多，對天文地理、古今中外、風土人情無所不知。當你遇到問題的時候，總能在他們那裏找到答案。

好的朋友讓你終生受益，而狐朋狗黨則可能讓你本來無限的前途毀於一旦，所以，結交朋友一定要慎重選擇。真正的朋友可能是那個你平常並不怎麼關注的人，正所謂患難見真情，那個在你困難時向你伸出援助之手的人才是朋友。在人生中，好朋友難得，所以要倍加珍惜。有了朋友的支持，有了朋友的幫助，有了朋友的關心，你的生活才會無限精彩，你的生命才會無憾。

5．情感溝通才能賺取人脈

最好能夠超越公司以外，建立起在任何狀況下都可以輕鬆見一面的關係。人脈並非短期的東西，而是在「不斷循環」。千萬不要以為這個人目前對我沒有幫助，所以就不去理會他。

如某公司要派人去參加同行業的年度會議，因這類會議內容枯燥乏味、沉悶冗長，故使一些得眾職員望而卻步、退避三舍，令公司老闆傷透了腦筋。

這時阿志主動提出去參加會議，同事們都笑他傻到家了。但是阿志卻認為，這類會議雖沉悶，但卻是同行高手的大聚會，趁這個機會，多結交些同行，多聯絡一下感情，這對充實自己的關係網是大有裨益的。有朝一日，這些關係網的作用不可低估；就是眼下對自己的工作也是百利無一害。阿志是真正的聰明人，他用公司的時間、公司的荷包去編織自己的關係網，這真是上班族的一大祕訣。

人際網路要勤力維護，因為如俗話說的：「三年不上門，當親也不親」、「遠親不如近鄰」，都說明經常來往、情感溝通，才能保持人脈。

首先，你要對人脈有個記錄。記錄在什麼活動中結交了什麼人，不僅寫名字，還要寫下你對他們工作最感興趣的方面。這樣就不用記住所有的細節，在有所需要時就會有所側重地查看卡片了。你的人際關係網是張安全的網，因此你可以慷慨些——介紹第三個人加入你們的行列。這樣，你是這個關係網中的一分子而且是一個介紹人的名聲就會傳開，誰都需要這樣的人，會使你更受歡迎。

其次，對人脈要忠誠。不要因為她休了一年的產假，就將那個前任的好友從你的聯繫人名單中劃去。保持和她的聯繫，即便是她和你目前的工作完全沒有聯繫。只有當你在時機好的時候維護好你的人際關係，才能在不順利的時刻獲得幫助。

再次，小事也可以有大影響。在熟人生日時送上鮮花或是發出一個祝福郵件，朋友婚禮時或是生育了也要及時送上祝福，當你在行業報告中讀到老同事獲得成功時不要忘記祝賀他。最終你會發現自己也會收到意想不到的祝福，也會有人想著你。

最後，建立一個固定的聯絡方式是有必要的，像要與工作或是同行每個月在聚會上碰面。在這種內部聚會上會有不少免費的內部消息、工作方法的建議和成功的戰略。

6．實踐互惠共贏，堅持禮尚往來

知識經濟時代是合作共贏的時代。科學技術的迅速發展，使得專業化分工成為必然，只有互相配合，才能取得最大的效益。單兵作戰的方式已經不適應現代社會經濟的發展，團隊協作的合力才更具有競爭性。

當今的世界，全球化、資訊化、網路化，不僅加劇了競爭而且促進了合作。在一個共容共贏的時代，只有具有共贏思維和合作能力的人，才能獲得生存和發展的機會。只有彼此給對方以「惠」，才會得到共贏的結果。

在美國有這樣一個農場主，由於掌握了科學的栽培方法和技巧，他的莊稼長得總是比別人的好，他的種植效益自然也就比鄰居的高。並且，這位農場主還有培育和改良品種的技術絕活，在當地每年農業協會舉辦的評比中，他總能拿到第一名。可令人不解的是，每次評出最佳品種之後，他總是會把這些品種拿出來送給鄰近的農場主們。

「別人申請專利保護還擔心自己的成果被別人仿冒，你這麼做難道不擔心別人超過你嗎？難道你要做善事嗎？」

當記者帶著疑問來採訪他的時候，他笑著說：「我這樣做也並不是毫不利己專門利人，這其實對我自己也有很大的好處。因為無論我農場裏的種子有多優良，如果附近農場充滿劣質的品種，他們的花粉難免會隨風飄落到我的農田裏，而我的作物受精後品質也就下降。如果我把最好的品種給他們種，我的莊稼的品質也就得到了保證。另外，別人有了跟我一樣的種子，就會不斷地激勵我再去努力革新和改良。這樣也給了我持續進步的壓力和動力，讓我始終保持領先的地位。」

共贏是一種分享，是一種互惠；目的是獲得更多的機會、財富和資源，這是一種雙方都獲益而非敵對式的競爭。

在動物世界裏，即使兇殘的鱷魚也有自己的合作夥伴。所有的鳥獸都會因害怕而避開兇殘的鱷魚，只有一種小鳥卻能同鱷魚友好相處。鱷魚從不傷害這種小鳥，因為牠需要小鳥的幫助。鱷魚離水上岸後，常張開大嘴，讓這種小鳥飛到牠的嘴裏去吃水蛭、碎肉等腐爛的殘留物，這使鱷魚感到很舒服。

這種灰色的小鳥叫燕千鳥，又稱牙籤鳥，牠們就像是鱷魚的牙科大夫和口腔保健醫生。同時，這種鳥還是鱷魚的忠誠衛士，只要有風吹草動，牠們就會一哄而散，使正在打瞌睡的鱷魚猛醒過來，做好應變的準備。正因為這樣，兇狠的鱷魚和瘦弱的小鳥相依為伴，結下了深厚的「友誼」。

在人際交往中，雙贏和共贏是人際關係的最高境界，即使暫時實現不了共贏，也應該尊重對方，體貼對方，為今後的合作埋下伏筆，打好基礎。

人際交往的過程也是一種精神和物質的交換過程。美國社會學家霍曼斯有一個「社會交換理論」，認為任何人際關係，其本質上就是一種交換關係。而這種交換過程總是遵循互惠平衡的原則，需要注重禮尚往來。

禮尚往來會給人際關係帶來很大的積極影響。人與人之間只有走得更近走得更勤，才會有進一步交往的可能，才有更進一步發生業務往來的可能，這也是打通你人際關係的捷徑。

共贏是一種積極的心理準備。共贏的心態，要求你具備開放的思維和博大的胸懷。亞當斯的「公平理論」認為，當一個人對付出和收益的比值感到滿意或出乎意料的巨大滿足時，就會產生積極的情感，對他的行為產生激勵作用，就有利於人際的和諧，有利於交往的成功。互惠共贏和禮尚往來是相輔相成的，合作上的互惠共贏就需要人際上的禮尚往來。

7．積累關係在平時，不要臨時抱佛腳

比爾・蓋茨說過：「利用一切關係成就輝煌。」多交朋友，少樹敵人，這對每個人都是有意義的忠告。對於賺取財富這件事來說，人際關係的好壞比其他任何因素都重要。處理好人際關係的重要性已得到公認，百萬富翁可能沒有很高的學歷，但是不能沒有廣泛而良好的人際關係。

在美國曾經發生過這樣一個真實的故事。一個風雨交加的夜晚，一對被淋得濕透的老夫婦走進一間旅館的大廳，想要在這裏住宿一晚。

但是，非常不巧的是，飯店已經沒有空餘的房間了。「十分抱歉，今天的房間已經被來開會的團體訂滿了。可是我無法想像你們要再一次地置身於大風雨中。要不這樣吧！不知道你們願不願意在我的房間住一晚呢？它雖然不是豪華的套房，但還是蠻乾淨的，今晚我必須值班，我可以待在辦公室休息。」飯店的夜班服務生誠懇地說。

老夫婦欣然接受了他的建議，並對造成服務生的不便致歉。

第二天，雨過天晴，在老先生去結賬時，櫃檯仍是昨晚的那位服務生。他依然很親切地說：「昨天您住的房間並不是飯店的客房，所以我們不會收您的錢，也希望您與夫人昨晚睡得安穩！」

老先生點頭稱讚：「你是每個旅館老闆夢寐以求的員工，或許改天我可以幫你蓋棟旅館。」

幾年後，這個服務生收到一位先生寄來的掛號信，信中提到了那個風雨交加的夜晚所發生的事，另外還附一張邀請函和一張往返機票，邀請他到紐約一遊。

在抵達曼哈頓幾天後，這個服務生在第5街及第34街的路口見到了當年的那位旅客。在這個路口正矗立著一棟華麗的新大樓，那位老先生說：「這是我為你蓋的旅館，希望你來為我經營，好嗎？」

這位服務生非常吃驚地看著老先生，結結巴巴地說：「你是不是有什麼條件？

你為什麼選擇我呢？你到底是誰？」

「我叫威廉・阿斯特，我沒有任何條件，我說過，你正是我夢寐以求的員工。」老先生微笑著說。

這個旅館就是紐約最知名的華爾道夫飯店。這個服務生就是喬治・波特——希爾頓的首任總經理，一位奠定華爾道夫世紀地位的經營者。

是什麼改變了這個普通服務生的命運呢？無疑是在他的生命中遇到了「貴人」，但也正是喬治・波特注重平時人脈的積累才讓他有了這樣的機會。這也從一個角度證明了，人際關係的積累在於平常，臨時抱佛腳是沒有用的。

人際關係的積累是一種付出，就像你在銀行的零存整取一樣，只有平時積累，才能在你需要的時候拿出所用。如果你是一個立志創業的人，必須預見到，一旦你決定自己創業的時候，到底有多少有一定能力的人願意幫助你去拼搏和冒險，又有多少人願意把自己的命運和你的事業捆綁在一起，這對你是否能夠成功至關重要。

下面這些方法不妨在平時的生活中多試試，對你積累人脈會有幫助。

一、增加自己被利用的價值

「自己是個半吊子，哪裏來的朋友？」《胡雪巖》裏的這句話，相當貼切地描寫了拓展人脈的祕訣。你自己的價值是決定你的人脈是否廣泛的基礎。只有增加了你能幫助別人的能力，別人才會願意跟你交往。所以，這就要求你在平時多學習、多積累，讓自身的能力和見識不斷提高。

二、溝通交流是建立人脈網路的路徑

在常規的節假日或對方特殊的日子，比如生日，不妨打個問候的電話或發封祝福的簡訊，或寄上一個精緻的賀卡，或發一封E-mail，或通過LINE等進行溝通交流。禮多人不怪，當別人收到你的問候，溫馨一笑的同時，會加深對你的好感和印象。

三、樂於與別人分享

不管是資訊、金錢、利益或工作機會，懂得分享的人，往往可以獲得更多的機會。願意與別人分享，是一種大氣的心態，別人自然也就更願意親近你，你的機會自然也就越多。

四、把握每一個幫助別人的機會

所謂「受人滴水之恩，當湧泉相報。」你的幫助會讓別人更好地記住你。幫不上大忙幫小忙，花旗銀行副總裁程耀輝一直秉持這個信念，不管往來的人的職位高低，他總是儘量幫助別人，所以大家都知道：「有事找程總就對了。」實在幫不上忙，表示真誠的關心，別人也會銘記在心。

五、多用網路積累人脈

現在的社會已經是一個資訊化社會，性格內向的人可以考慮多使用網路積累人脈，與網友建立各種「小圈子」以討論交流。

六、注意「小人脈」的積累

小至送水、送快遞的小弟，你都可以轉化成自己的資源，以備不時之需。這種「小人脈」，多半不必費心維護，只需建立清晰的名片夾或資料庫便可。

人間充滿著許許多多的因緣，每一個因緣都可能將自己推向另一個高峰，不要忽視任何一個人，也不要疏忽任何一個可以助人的機會，學習對每一個人都熱情相待，學習對每一個機會都充滿感激。平時多注意積累，只要你夠細心、有耐心，都會培養起自己的人際關係網的。

8．運用飯桌交際術，掌握酒桌心理學

古語說：「民以食為天。」吃飯，不僅是人類生存的第一需要，為什麼吃？與什麼人吃？在哪裏吃？吃什麼？怎樣吃？它還是一個文化問題，更是一門學問。在市場經濟的今天，吃飯，作為一種重要的社交手段被賦予了更為廣泛與複雜的意義。運用飯桌交際術，掌握酒桌心理學成為了打通人脈的一種重要手段。

在各種社交活動中，沒有哪一種方式比請客吃飯更被國人接受和認可了。談情說愛請客吃飯，結婚生子請客吃飯，升官晉職請客吃飯，轉行跳槽請客吃飯，喬遷新居請客吃飯等，凡是涉及社交的場合，幾乎沒有吃飯不能解決的，也幾乎沒有不選擇吃飯的。

飯桌是最好的拉近與陌生人距離的手段。飯桌是一個仲介，通過飯桌上的社交，原來的陌生人就可以變成熟人、朋友。變生為熟，這是飯桌社交最強大的功能。吃飯所表現出來的儀式感，很大程度上暗示了一種相互靠近的親密訴求。美味佳餚似乎能夠喚起人們心底最柔軟的部分，迅速拉近同桌共食者之間的關係。

旅居中國五年的敘利亞人卡利姆如是說：「在中國做生意與在別處做生意的不同是，在別處，即使不是朋友也可以把生意做好，但要在中國做好生意，必須跟別

人成為朋友。一旦你跟中國人成了朋友之後，你會發現他們是很善良的，不自私的，如果你有求於他們，他們都會儘量幫忙。」

人們在「飯桌社交」中相互聯繫、互通資訊、互相依存、守望相助，形成了飯桌上的「熟人同盟」。所以才有了「一切情誼盡在酒中」、「酒逢知己千杯少」等這些耳熟能詳的表達。

9．結識社會名流

要與一流人物交往，使自己也成為一流人物。

在自己所處的環境裏，能與站在頂點地位的一流人物交往，並學習其觀念、優點、做法，才能引導自己向上。名流中固然有名不符實者，但畢竟大多數人確有本事和才能，倘若能吸取他們經驗和觀點中的精華，對你的生活和工作必將大有助益。而與那些遠不及自己的人往來，最後很容易使自己落到那些人之後。

結交名流也可能獲得更切實的幫助。如果你立志在商界幹出名堂來，首先就要想辦法接近商界名流，與其交往，建立起良好的關係。一旦與你建立了信賴關係，他就會考慮：「替這個人找個機會吧。」如此一來，你的命運就可能會大為改觀，甚至可能一層層地脫胎換骨，一步步走入名流社會。可能你還沒有真正認識到，有名的人往往有深遠的影響力，一句贊許的話就可能使你受益良多。

在心理學上有一種「趨勢」心理，就是結交、崇拜、依附有名望者的心理，這種心理絕大多數的人都有，只是程度不同而已。它反映在人心理上是希望提高自己的社會地位，平等地與名人交往。

有一個著名的公關專家曾經說過這樣一段話：「要發展事業，人際關係不容忽視。費心安排的話，人際關係便能由點至面，進而發展成巨樹。有了巨樹我們才能在巨樹的大蔭下休息，坐享利益。社會地位愈高的人，在拓展事業的時候，人際關係愈是重要。但是，總不能因此就拿著介紹信去拜會重要人物。就算登門造訪，人家也未必有時間見你，因為執各界牛耳的人物們，通常都排有緊湊的日程表，即使見面，頂多也不過5分鐘、10分鐘的簡短晤談，無法深入。所以，製造與這些人物深入交談的機會，非得另覓辦法不可。」

而另一位著名的企業家卻通過「十年修得同船渡」的方法結識許多社會名流，他的經驗是：「在每次出差的時候，我都選擇飛機的頭等艙。一個封閉的空間，不會有其他雜事或電話干擾，可以好好地聊上一陣。而且搭乘頭等艙的都是一流人士，只要你願意，大可主動積極地去認識他們。我通常都會主動地問對方：『可以跟您聊天嗎？』由於在飛機上確實也沒事可做，所以對方通常都不會拒絕。因此，我在飛機上認識了不少頂尖人物。」

知道結交名流也是人之常情，你就無須畏縮，只需要拿出勇氣和智慧來，與名流交往、溝通，不斷地從內在和外在兩方面一起提升自己，一步步邁入名流行列。

10．我有一個「忘年交」

有這樣一個故事：一位來自一個很偏僻的地方的青年人，有一次他在學校裏聽到一個專家的講座後，非常喜歡。於是趁著假期專門去拜訪那位專家，卻苦於無法合情合理地接近他。也許是運氣吧，有一天，他正在商店裏買東西，看見老專家也在採購，於是走上前幫他拿東西。趁著這個機會，向老教授表達了自己的想法，沒想到老教授居然答應了他。三個月後，他成為了老教授唯一的貼身助手。憑藉自己廣泛而深厚的人際關係，老教授把他介紹給了許多行業內的頂尖人物，於是順理成章地，他也迅速擁有了自己的人脈，而且其中有大多數人都是領軍人物。

如果你很年輕，正在做第一份工作。你可能會面臨不少問題：人際圈子有點窄小。10個月前加入公司的排球隊，而現在仍當不上副隊長，儘管球技不錯。沒關係，記住，人際是一門終生的學問，需要不停地學，不停地用。你在25歲時學習，70多歲時仍然會有收穫。

交朋友時不要只看對方的愛好和個性，更重要的是，你需要一些善於鼓勵人的、樂觀而幽默的、誠懇且有同理心的、樂於助人並願意傾聽人訴說的朋友。也許你會說：「我沒有這樣的朋友，也不敢去亂找朋友，如果別人拒絕怎麼辦？」

但即使別人拒絕了你，你也沒有失去任何東西，可如果別人接受了你，你就可能因此找到知己。同時，在尋找好友的過程中，也應讓自己成為一個會鼓勵人的、樂觀而幽默的、誠懇且有同理心的、樂於助人並願意聽別人訴說的人，並盡力去幫助周圍的親人和朋友。唯有更多人的自願付出，快樂才能更迅速地通過人際網擴散。

學習別人的經驗和自己親自積累同等重要。所以，要多在朋友中發掘值得欣賞的物質，如熱心、幽默、機智、博學、正直、溝通、禮貌、尊重他人等。在班級、公司、社團中，多觀察周圍的人，特別是那些你覺得人際交流能力特別強的人，看他們是如何與人相處的。

比如，看他們如何處理交往中的衝突、如何說服他人和影響他人、如何發揮自己的合作和協調能力、如何表達對他人的尊重和真誠、如何表示贊許或反對，如何在不冒犯他人的情況下充分展示個性等。有的方法可以直接借鑒，有的方法可以間接模仿，有的地方可以比他們做得更好。通過觀察和模仿，你逐漸地會發現，自己的人際交流能力有了意想不到的改進。

11・可以和陌生人說話

一見如故，這是成功交際的理想境界。無論是誰，如果具有跟大多數初交者一見如故的能耐，他就會朋友遍天下，做事就會左右逢源；反之，如果缺乏跟初交者打交道的勇氣，不善於跟陌生人交談，他就會在交際中處處受阻，事業也就難以成功。

初次見面，交際雙方都希望儘快消除生疏感，縮短相互間的感情距離，建立起融洽的關係，同時給對方留下一個良好的印象。那麼，怎樣才能通過交談較好地做到這一點呢？

一、通過親戚、同學關係來拉近距離

由於親戚、同學這類較為親密的關係會給人一種溫馨的感覺，使交際雙方易於建立信任感，特別是突然得知面前的陌生人與自己有某種關係，更有一種驚喜的感覺。故而，若得知與和對方有這類關係，寒暄之後，不妨直接講出，這樣很容易拉近兩人的距離，使人一見如故。現在許多大學裏面，都存在著各種社團的組織，這些社團就是通過聚會把不同科系的學生召集在一塊，組織起來。同時也通過社團來相互幫助、聯絡感情、加強交流。

從人的心理上來講，每個人的潛意識中都有一種「排他性」，對自己的或跟自己有關的事物往往不自覺地表現出更多的興趣和熱情，對與自己無關的則有一定的排斥。因而，在交談中將這類關係點出，就會使對方意識到兩人其實很「近」。這樣，無論對方的地位在你之上或你之下，都能較好地形成坦誠相談的氣氛，打通初次見面由於生疏造成的心理上的「防線」。

二、以感謝的方式來加強感情

有一位同學在跟一個高年級學生接觸時的頭一句話就是：「開學時就是你幫我完成新生報到，並帶我到宿舍的。」

「是嗎？」那個高年級同學驚喜地說。接著兩人的話題就打開了，氣氛頓時也熱烈了許多。那個高年級同學的確幫過許多人，不過開學初人多事雜，他也記不得了。而這個新來的同學則恰到好處地點出了這些，給對方很大的驚喜。

一般說來，每個人都對自己無意識中給別人很大的幫助感到高興，見面時若能不失時機地點出，無疑能引起對方的極大興趣。因此，初次見到曾幫過自己的人時，不妨當面講出，一方面向對方表示了謝意，另一方面在無形中也加深了兩人的感情。

三、從對方的外貌談起

每個人都對自己的相貌或多或少地感興趣，恰當地從外貌談起就是一種很不錯的交際方式。有個善於交際的朋友在認識一個不喜言談的新朋友時，很巧妙地把話題引向這個新朋友的相貌上。「你太像我的一個表哥了，剛才差點把你當做他，你們倆都高個子、斯文臉，有一種沉穩之氣……穿的衣服品味也很接近，深藍色的西服……我真有點分不出你們倆了。」

「真的？」這個新朋友閃著驚喜的眼神。當然，他們的話匣子都打開了。我們不得不佩服這個朋友談話的靈活性。他把對方和自己的表哥並提，無形中就縮短了兩人之間的距離，接著在敘說兩人相貌時，又巧妙地給對方以很大的讚揚，因而使這個不喜言談的新朋友也動了心，願意與其傾心交談。

四、剖析對方的名字來引起對方的興趣

名字不僅是一種代號，在很大程度上是一個人的象徵。初次見面時能說出對方的名字已經不錯了，若再對對方的名字進行恰當的剖析，就更上一層樓。譬如一個叫「台生」的朋友，你可以說道：「原來媽媽是把你從大陸帶過來台灣才生的！」這樣可以加深對方的印象，或者用一種算命者的口吻剖析其姓名，引出大富大貴、前途無量之類的

話，這也未嘗不可。總之，適當地圍繞對方的姓名來稱道對方，不失為一種好方法。

12．天下誰人不識君

建立人際網需要出色的人際交流能力。有些人在人際交流中的影響力是與生俱來的，他們在參加酒會或慶典的時候，只要很短的時間就能和所有人交上朋友。但也有些人並不具備這樣的天賦，他們在社交活動中比較內向，寧願一個人躲在角落裏也不願主動與人交談。但無論每個人的天性如何，只要勤於思考和聯繫，都能建立起滿足自己需要的人際網。

穩定的人際關係的核心，必須由10個左右你所信賴的人組成。這首選的10人可以是你的朋友、家庭成員以及那些在事業上與你聯繫緊密的人。這些人構成你的影響力內圈，因為他們能為你創造一個發揮特長的空間，而且彼此都是朝一個方向努力。這裏不存在勾心鬥角，他們不會在背後說東道西，並且會從心底希望對方成功。你與他們的合作會很愉快。

當雙方建立了穩固的關係後，彼此會形成一種強大的凝聚力。他們會激發對方的創造力，並不斷從對方身上得到靈感。為什麼要將影響力內圈人數限定為10人呢？因為這種牢不可破的關係需要你一個月至少維護一次，所以10人就足以用盡你所有的時間。

另外，你必須與至少15個人左右組成的後備力量保持一定的聯繫，以作為你10人內圈的補充。假如內圈中有一位退休或移民國外，那15人組成的後備軍，就派上用場了。其實，只要你每月定期和他們取得聯繫，可以通過電話、傳真、聚會、電子郵件或信件，這個團體的人數都會超過15人。

對方在試圖與你建立關係時，總會打聽你是做什麼的。如果你的回答很一般，比如只是一句「我是某公司的一名經理。」你就失去了與對方繼續交流的機會。

你可以這樣回答對方：「我在某公司負責一個小組的管理工作，主要為我們的網路開發軟體。我喜歡騎馬，愛好打網球，並且喜愛文學。」這種簡單而不失個性的介紹不僅為你的回答增添了色彩，也為對方提供了不少可以繼續的話題，說不定其中就有對方感興趣的。

建立關係網路的前提，不是「別人能為我做些什麼？」而是「我能幫別人做些什麼。」在回答對方的問題時，不妨補上一句，「有什麼需要我幫忙的嗎？」或「我能為你做些什麼？」

多聯繫是建立關係網路的另一重要條件。

要與關係網路中的每個人保持密切的聯繫，最好的方式就是創造性地運用你的日程表。記下那些對你的關係至關重要的日子，比如生日或週年慶祝等。在這些特別的日子裏準時和他們通話，哪怕只是給他們寄張賀卡，他們也會高興萬分，因為他們知道你心中想著他們。

當他們處於人生的低谷時，要記得打電話給他們。不論你的關係網中誰遇到了麻煩，你都要立即打電話安慰他，並主動提供幫助。這是你支援對方的最好方式。

充分地利用你的商務旅行。如果你旅行的地點正好離你的某位關係成員挺近，你可以順便與他共進午餐或晚餐。

只要是你關係成員的邀請，不論是慶祝升職，還是他女兒的彌月，你都要去露露臉，不要以「沒差我一個」這種心態，來推脫。

人際關係的往來必須是「經常性」的，接觸愈頻繁，彼此的交情就愈深厚。因此，絕不可忽略了所謂的「禮尚往來」。

如果有人在私下批評你：「這個傢伙，只會在有事情的時候，才想到來找我。」那麼，你的人際關係成績就不及格了。長期下來，你是會吃虧的。尤其作為一個辦事人員，更不可使意見交流的管道生銹，如此不但會阻礙彼此的溝通，也會削弱交涉本身所產生的力量。

萬一由於自己的疏忽而發生了這種情形，你要趕緊設法補救，最好的方法，就是親自登門造訪。因為時間、地點和情況的有所不便，你可以直接以電話或書信和對方取得聯繫，並向對方解釋自己疏於聯絡的原因，以求得對方諒解。往後，最重要的就是要重拾交情，並繼續維持下去。

為了不使好不容易才建立起來的人際關係毀於一旦，你就要不嫌麻煩地勤於打電話、寫信以及登門拜訪。其實，這些對你來說，都是不費吹灰之力的舉手之勞，在維持彼此交換情報及溝通情誼的前提下，你又何樂而不為？

13．每個人都可能成為你的「貴」人

認識的人愈多，發現貴人的機遇就愈多。這句話是實實在在的真理。從你所在社會之網中的一個位置上，可以「縱向」，也可以「橫向」地與人聯繫。

首先，要與你工作直接有關的人維持和諧的工作關係，例如和上司、同事、下屬、客戶保持良好的關係，有利於工作的進行。其次，要分清楚關係的性質，有工作關係、朋友關係、夥伴關係等，不要把這些不同的關係混淆；否則，容易公私不分。在單位裏，當然要以工作關係為首要。再次，這是一個分工合作的世界。想工作順利，你就需要良好的人際關係，令你更容易得到幫助。

沒有人不會不碰到困難，有些困難單靠自己解決不了，必須借助於朋友或貴人的力量，才可完滿解決。和別人保持良好的關係，在需要請求別人幫你忙時，你就不會感到不好意思，而別人也比較樂意幫助你。

無論如何，你都不要忽略你的朋友，要給他以真誠，給他以幫助。多一個朋友也就

多一份信任，多一份機遇，多一條道路。在漫漫的人生旅途中，在求索事業的艱辛歷程中，你才不會顯得孤獨，才不會顯得孤立無助。

那些輕視友誼、自私自利的人都是很難獲得朋友的，特別是獲得誠摯忠心的朋友更是難於上青天。

傑克・倫敦的童年貧窮而不幸。14歲那年，他借錢買了一條小船，開始偷挖牡蠣。沒想到潮汐之後被水上巡邏隊抓住，罰去做勞役。後來傑克・倫敦逃了出來，從此走上了流浪水手的道路。兩年以後，傑克・倫敦隨姐夫一起到阿拉斯加，加入到淘金者的隊伍。在淘金者中，他結識了不少的朋友。他的這些朋友中三教九流幹什麼的都有，而大多數都是美國的勞苦人民，雖然生活困苦，可他們的言行舉止中卻充滿了生存的活力。

傑克・倫敦的朋友中有一位叫做坎里南的中年人，他來自芝加哥，他的辛酸歷史簡直可以寫成一部厚厚的書。傑克・倫敦經常與他在月光下的亂石堆裏聊天，聽著他講故事，常常不禁潸然淚下。而這更加堅定了傑克・倫敦心中的一個目標：寫作，寫淘金者的生活。

在坎里南的幫助下，傑克・倫敦利用休息時間看書，學習。一八九九年，23歲的傑克・倫敦寫出了處女作《旅途》，接著又出版了小說集《狼之子》。這些作品都是以淘金工人的辛酸生活為主題的，贏得了廣大下層人士的喜愛。

傑克・倫敦漸漸走上了成功的道路，他的著作暢銷全球，也給他帶來了巨額的財富。

交朋友發現貴人，傑克・倫敦才走向了成功。

因此，處在社會聯繫之網中的你、我、他都要不失時機地廣交朋友，積極為自己創造機遇，主動結交朋友，多和陌生人交談，參加各種聚會，喜歡同人招呼，把自己作為一個「交流場」。這樣，你的結交網越大，你發現貴人的可能性就越多。

廣交朋友，有益於發現貴人。人際交往的對象是人，是活生生的、現實社會中的人。人是世界上最複雜的統一體，既是具有思想、感情、意志和行動的，也是具有自覺能動性的複雜的統一體。

第三章

用工作證明你的價值

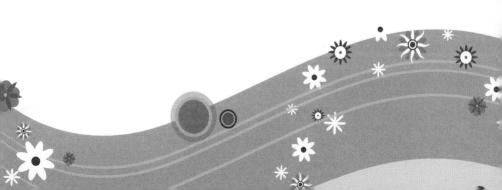

工作對你而言，意味著什麼，是一份維持生活的薪水？還是一份成就自己人生的事業？在人們的生活中，工作占去了一天三分之一的時間，是你人生的重要組成部分。有的人認為工作是為了衣食住行，是生活的代價，是不可避免的勞碌！而有的人則認為工作是實現理想所必需的奮鬥歷程，是自己一生的事業！那麼，你是出於哪種需求和願望，去完成自己的工作呢？

1．工作品質決定生活品質

工作對你意味著什麼，是一份維持生活的薪水？還是一份成就自己人生的事業？這個問題問起來似乎並無多大意義，但之間的差別卻非常之大。生活中我們常常發現，同樣一起到一個公司工作的人，同樣的工作條件，同樣的起點，幾年後卻產生了巨大的差距，有的人成為公司裏的核心成員甚至是中、高層領導，在該工作領域內舉足輕重；有的人卻一直碌碌無為，工作總是不見起色，眼睛整天盯著剛夠糊口的工資，同那些優秀的人一樣早起晚歸，生活的品質卻千差萬別。

一個將工作當成生活保障的人，也就是想有個「鐵飯碗」的人，希望憑藉自己的工作，過上比較安穩舒適的日子。雖然他們也能夠勤勤懇懇，但因過於求穩而鮮有創舉和進取之心，最終的結果仍不免流於平庸。

一個將工作當成實現自我價值的人，也就是想通過工作使自己「有所作為」的人，希望通過自己的努力工作，使別人充分認識到自己的價值，從而得到社會的認可和尊重。更希望在工作中通過不斷地挑戰自我，發揮出自己的創造性潛質，最終實現自身的價值。只有這種視工作為一生的事業的人才能避免流於平庸，也只有這種人，才是能夠實現自身真正價值的人。

一位名人曾經說過：「一個人在選擇怎樣度過自己的某段時間時，都是賭徒。他必須用自己的歲月做賭注。」

其實人生的任何一次選擇都像是一場賭博，而且賭注無一例外的都是自己的生命，只不過正確的選擇會在損耗生命的同時收穫生命以外的東西，錯誤的選擇則只是在耗費生命。從這個意義上講，一個人選擇怎樣去工作，也就是選擇了怎樣去生活。因為生活的好壞與工作的得失向來有著密切的關係：一個在工作中實現自我價值的人，所能得到的「獎賞」自然可以大大提高他生活的品質和人生的追求；一個在工作中抱著「糊口」或者只想有個「鐵飯碗」的人，所能得到的薪水，也只能勉強維持生活現狀。

何況，工作是人生中不可或缺的一部分，占去了人一天中三分之一的時間，假設一個人24歲參加工作，到60歲退休，工作至少將占去他生命的三分之一。那麼在這占去生命三分之一的工作時間裏，如果始終找不到一個正確的工作態度，從工作中只得到厭倦、緊張與失望，生活的痛苦可想而知。

微軟公司總裁比爾・蓋茨曾說：「無論在什麼地方工作，員工與員工之間在競爭智慧和能力的同時，也在競爭態度。一個人的態度直接決定了他的行為，決定了他對待工作是盡心盡力還是敷衍了事，是安於現狀還是積極進取。態度越積極，決心就越大，對工作投入的心血也越多，從工作中所獲得的回報也就相應地越多。」

任何一家有抱負的公司，都會有一種競爭的機制，不會讓那些碌碌無為的庸人長期在自己的公司混日子。任何有事業心、責任感的人，在競爭如此激烈的現代社會中，也不會讓自己長期待在某個平庸的角落。

《把信帶給加西亞》的作者在書中這樣寫道：「我欽佩的是那些不論老闆是否在辦公室都努力工作的人。這種人永遠不會被解雇，也永遠不會為了要求加薪而罷工。這種人不論要求任何事物都會獲得。他在每個城市、鄉鎮、村莊，每個辦公室、公司、商店、工廠，都會受到歡迎。」

不要以為「事業」都是偉大的，是讓人津津樂道的壯舉。正確地認識自己平凡的工作就是成就輝煌的開始，也是你成為出色雇員最起碼的要求。如果在平凡崗位上的我們，以敷衍的態度對待工作，每天被動地、機械地工作，同時不停地抱怨工作的勞碌辛苦，沒有任何趣味，那我們的環境會自己變好嗎？收入會增加嗎？會有很好的前程嗎？當然不會！那樣只能永遠做等待下班、等待工資、等待被淘汰的人。

你左右不了變化無常的天氣，卻可以適時調整自己的心態。正如人們常說的，假如你非常熱愛工作，那你的生活就是天堂；假如你非常討厭工作，那你的生活就是地獄。

因為在你的生活當中，大部分的時間是和工作聯繫在一起的。不是工作需要人，而是任何一個人都需要工作。你對工作的態度決定了你對人生的態度，你在工作中的表現決定了你在人生中的表現，你工作中的成就決定了你人生中的成就，你的工作品質決定了你的生活品質。所以，如果你不願意自己的生活慘澹無味，那就從改變你工作的態度開始吧。

2・工作是人生最大的財富

對一個人來說，生命中最重要的活動就是工作，無論你在這世界上選擇什麼樣的工作，為什麼工作，如何對待工作，從根本上來說，這不是一個簡單的關於幹什麼事和得什麼報酬的問題，而是一個關乎生命意義和人生價值的問題。因為除去工作的其他意義不論，工作首先是一種社會創造，創造必要價值，有價值的東西必會使他人受惠，使他人受惠的創造必然使創造者的工作價值得到提升。

因此，每個人在生活中，所從事的工作不僅是為了自己的生存問題和事業理想，同時也是在為社會為他人創造價值。

是啊！社會賦予了工作正面的價值，又鼓勵人在工作中實現自身的價值，如果有一天人類停止了工作，這個社會便幾乎無價值可言，人類社會的毀滅也就不遠了。因此，工作是人生最大的財富，人們不僅可借此改觀自己的生存境況，滿足心理上的各種欲望，還可以借此肯定自己人生的價值，以及作為社會大家庭一分子的生命意義。

正如蜜蜂的天職是採花釀蜜一樣，人的天職就是工作。如果一個人輕視他自己的工作，而且做得很粗疏，那麼他絕不會得到別人的尊敬，同時也會慢慢讓自己瞧不起自己。如果一個人認為自己在工作中得到的只是苦累、煩悶，甚至已經到了忍無可忍的地步，那麼一定工作得很糟，不是在敷衍工作便是在糊弄自己。同樣，如果一個人想坐享其成，不願參加任何工作的話，那麼他不僅失去了人生最大的財富，同時也失去了自己生命的意義。

美國石油大王約翰・洛克菲勒曾說過：「除了工作，沒有哪項活動能提供如此高度的充實自我、表達自我的機會，也沒有哪項活動能提供如此強的個人使命感和一種活著的理由。工作的品質往往決定生活的品質。」

有一位醫生，他在當了十年的執業醫生之後，賺了一筆錢，於45歲宣布退休，全家移民美國，每天從事他最喜愛的兩樣休閒生活：打高爾夫球與釣魚。

一年後，出乎意料，他又回到原來的地方繼續做執業醫生。

朋友們都很奇怪，這位醫生誠實地說：「打高爾夫球與釣魚連續一個月就煩了，沒有工作形同坐牢，後來我在美國跟許多移民一樣，成了『三等人』。」

朋友們都好奇地問：「何謂『三等人』呢？」

這位醫生苦笑道：「首先是等吃飯，吃完飯之後是等打牌，打完牌之後就是等死了。這樣等了一年實在讓人受不了。只好回來再開業了。」

工作是人生最大的財富，這種財富包括物質更包括精神，人生中那些奮鬥拼搏的日子正是追求幸福的過程。西方有句諺語：「No pains，No gains。」（意為「不勞無獲」）這句話頗能解釋為什麼在最新的一份調查中，有33％的美國人願意長時間工作，因為長時間的工作意味著經濟的繁榮和更高品質的生活。

為了事業的成功，你在工作中也許唯有竭盡全力，默默忍受奮鬥的艱辛，等待那不全都是成功的「喜悅」，但是你最終會明白，那些奮鬥拼搏的日子正是追求幸福的過程，也正是你希望擁有的最美麗的日子和最高貴的財富。

3．工作最重要的是自我實現

一個人在工作中，只有在追求「自我實現」的時候，才會迸發出持久強大的熱情，才能最大限度地發揮自己的潛能，最大限度地實現自我的人生價值。

據統計，微軟總裁比爾．蓋茨的財產淨值達到了466億美元。如果他和他的家人每年用掉1億美元也要466年才能用完這些錢，這裏還不包含這筆鉅款帶來的巨大利息。那他為什麼還要每天積極地投入工作？

著名電影導演史蒂芬．史皮伯的財產淨值估計為10億美元，雖沒有比爾．蓋茨那麼富有，但也足以讓他在餘生享受十分優裕的生活，但他為什麼還要不停地拍片呢？

在生活中，這樣的例子舉不勝舉。那些擁有了巨額「薪水」的富豪，不但每天積極投入工作，而且工作得相當賣力。難道他們是為了錢嗎？

如果不是，那他們為了什麼？

關於這個問題，你或許可以在薩默．萊德斯通的話裏找到一些答案，他說：「實際上，錢從來不是我的動力。我的動力是對於我所做的事的熱愛，我喜歡娛樂業，喜歡我的公司。我有一種願望，要實現生活中最高的價值，盡可能地實現。」

是的，正是這種自我實現的熱情，使他們熱中於他們所做的事業，使他們在他們熱中的事業中取得巨大成功後，仍然一絲不苟地熱中於他們的事業。他們就像一個冠軍獎章掛滿全身的賽車手，儘管已經知道自己超出對手很遠，但腳卻不會離開油門，他們愛自己創造出來的速度，而並非單純為了名和利。

對此，有心理學家發現，對大部分人而言，金錢在達到某種程度之後就不再誘人了。因為金錢存在終究只是為人服務，而人生的追求不僅僅只是滿足生存需要和物質的享受，還有更高層次的精神需求。在這方面，一個人對自我實現的需要層次越高，動力也越強。

一個自我實現意識很強的人，往往會把工作當做是一種創造性的勞動，竭盡全力去做好它，使個人價值得到完美和最大限度的實現。一個將工作視為實現自我價值的人，在工作中發揮最大的才華、能力和潛在素質，不斷地自我創造和發展，他就滿足了自我實現的需要。

當然，這裏談的不是瞬間的自我實現，而是可以驅使一個人達到不凡成就的自我實現，這種自我實現需要一種熱情，一種對事業前程持久的熱情。若與被薪水所驅動的那些人相比而言，為滿足「自我實現」這一人類最高需求而奮鬥的人只占少數，所以，對工作保持持久的熱情在一般人當中就像鑽石般少有，然而，在築夢者和成功者當中，這種熱情卻像空氣般普遍。

人們常說，熱情是夢想飛行的必備燃料。熱情驅使著世界上每一位最傑出的人，他們為追求自我實現而在他們迷戀的領域裏到達人類成就的巔峰，推動著社會和時代的進步。讓自己擁有這種熱情吧！讓它持久地在你的工作中為你積蓄力量，創造價值，實現自我吧！如果你還沒有達到自我實現的境界，你也不要麻痹自己——認為自己工作就是為了賺錢。不要對自己說：「既然老闆給得少，我就幹得少，沒必要費心地去完成每一個任務。」或者安慰自己：「算了，我技不如人，能拿到這些薪水也知足了。」而應該牢記：金錢只不過是許多種報酬中的一種，你所追求的是自我提高，你必須充滿熱情地去工作，正如你必須充滿熱情地去生活。

缺乏熱情會讓你消沉，消極的思想會讓你看不到自己的潛力，失去信心會讓你失去前進的動力，不珍惜工作機會會讓你浪費更多寶貴的時間，失去自我會讓你與成功失之交臂，永遠無法實現自我的人生價值。

4．薪水只是工作的一種回報方式

現在很多年輕人將工作視為一種等價交換，他們認為自己在公司幹活，公司付自己一份報酬，僅此而已。他們看不到工資以外的價值，更看不到工作本身對自己的人生意義。他們因現在的工作與在校時的理想差距很大，事業心受挫，沒有了熱情但為了生存又必須工作，因此在工作中總是採取一種應付的態度，不能在工作中真正負起責任，不願多幹哪怕超出工作時間一分鐘的活。他們只想對得起自己目前的薪水，從未想過是否對得起自己將來的薪水，甚至是將來的前途。

某公司一位員工，在公司工作了10年，薪水一直未漲。一天，他終於忍不住內心的不平，當面向老闆訴苦，要求老闆給他加薪。老闆直言道：「你雖然在公司待了十年，但你的工作經驗卻不到一年，能力也只是新手的水準。」

這便是只為薪水而工作的結果！

在生活中，人們常能看到一些人因為不滿足於自己目前的薪水，不認真工作，頻繁跳槽，結果將比薪水更重要的東西都丟光了，到了感歎歲月不饒人時，連本應得到的薪水都可能得不到了。試想，一個人如果總是為自己到底能拿多少薪水而大傷腦筋的話，他又怎麼能看到工資背後的成長機會呢？他又怎麼能在工作中獲得比薪水更重要的技能和經驗呢？他的人生價值靠什麼體現呢？

一個只會為自己的懶惰和無知尋找理由的人，一個總是埋怨老闆對他的能力和成果視而不見的人，一個開口閉口老闆太吝嗇的人，一個認為自己付出再多也得不到相應回報的人……這樣的人只會逐漸將自己困在裝著工資的信封裏，永遠也不會懂得自己真正需要什麼。

不要擔心自己的努力會被忽視。要相信大多數的老闆之所以能做上老闆的位置，一定有他們超出常人的地方，也就是說他們最不缺的或許就是明智和判斷力。為了最大限度地實現公司的利潤，他們無疑很願意盡力按照工作業績和努力程度來晉升積極進取的員工，他們無一不喜歡那些在工作中能盡職盡責、堅持不懈的人，更重要的是他們的公司需要這樣的人。

縱使你發現你的老闆並不是一個有判斷力和明智的人，很少能注意到你所付出的努力，也從來不給予你相應的回報，那也不用懊喪，你可以換一個角度來想：現在的努力並不是為了現在的回報，你可以在工作中學習更多。你投身於現在的工作自然多半是為了現在的生活，但人生並不只有現在，你還有更為長遠的未來。

年輕人對於薪水常常缺乏更深入的認識和理解，其實這是一件很正常的事，因為薪水畢竟在一定程度上代表著你目前工作的回報。但也只是一種回報而已，並不能代表你的全部價值。

因此，剛剛踏入社會的年輕人更應該珍惜工作本身帶給自己的報酬。要知道，你的老闆可以控制你的工資，可是他卻無法遮住你的眼睛，捂上你的耳朵，阻止你去思考、去學習。換句話說，他無法阻止你為將來所做的努力，也無法剝奪你因此而得到的回報。要知道，越是艱難的任務越能鍛鍊你的意志，越是具有開拓性的工作越能拓展你的才能，越是惡劣的工作環境越能培養你的人格，越是細小的瑣事越能顯出你的品質。

公司支付給你的是金錢，工作賦予你的卻是可以令你終身受益的能力。能力顯然比金錢重要萬倍，因為它不會遺失也不會被偷。

薪水只是工作的一種回報方式，它不能完全體現你目前工作的價值，也不會體現你目前工作的價值。如果你想為了薪水而工作，那也應該是為了將來的薪水工作。如果只顧眼前，盯著每個月的工資幹活，不能使自己在工作中得到很好的鍛鍊，你或許可以輕易領到眼前那點薪水，但最終會毀了自己的未來。

5．為自己工作

安德魯·卡耐基說過：「為我工作的人，要具備成為合夥人的能力。如果他不具備這個條件，不能把工作當成自己的事業，我是不會考慮給這樣的年輕人機會的。」

在現實生活中，經常會聽到很多年輕人這樣說：「一個月只有這麼點錢，憑什麼要做那麼多工作。」、「我不過是在為老闆打工，幹嗎那麼拼命。」、「只要能對得起薪水，上班幹活，下班走人，天經地義。」

這種將工作等同於薪水，認為自己不過是在為老闆打工的想法，在現在這個社會的年輕人中間相當普遍。他們本來有著豐富的知識、不錯的能力，同時也有很好的潛力，但卻因為觀念上的一時狹隘，認為工作中只是一種簡單的雇傭關係，只要每月能拿到薪水，做多做少，做好做壞，對自己的意義不大，只要達到要求，無愧於心就行了。他們都未曾想到，正是這樣一種觀念，使他們錯失了人生中最寶貴的成功機會，甚至使自己的一生從此與成功無緣。

因此，每一個工作著的人都應該問問自己，你到底是在為誰工作？如果不在年輕的時候弄清這個問題，此後的一生或許也只能碌碌無為。

英代爾總裁安迪・格魯夫應邀在一次對大學生的演講中說道：「不管你在哪裏工作，都別把自己當成員工，應該把公司看作自己開的一樣。你的職業生涯除你自己外，全天下沒有人可以掌控，這是你自己的事業。」

把工作當做自己的事業，能夠讓你擁有更大的揮灑空間，使你在掌握實踐機會的同時，能夠為自己的工作擔負起責任。樹立為自己打工的職業理念，在工作中培養自己的企業家精神，讓自己更快地在事業上取得成功。

無論你在什麼樣的公司工作，都要把自己當做公司的主人，而不是為老闆工作的僕人。要知道，你不是在為老闆打工，而是在為自己打工。當你具備做主人的心態時，你就會把公司的事當作自己的事來做，你離成功也就越來越近。

事實上，把公司當做自己的，能夠讓你擁有更大的揮灑空間，更多的實踐和鍛鍊的機會；為自己工作，能夠讓你在工作崗位上更主動更積極地處理各項事務，為自己不斷開創新的工作機會和發展空間。

6・自己管理自己

一個人能夠很好地進行自我管理才能積極主動地工作，開創自己的事業。幽默作家傑克森・布朗將「自律」看作一個人所應具備的才華，他曾做過這樣一個比喻：「缺少了自律的才華，就好像穿上溜冰鞋的八爪魚。眼看動作不斷，可是卻搞不清楚到底是往前、往後，或是原地打轉。」

傑克森・布朗所說的自律，其實就是這裏要說的「自我管理」。

一般來講，自我管理主要包括自我約束和自我激勵，如工作中所表現出的主動性和計劃性，對所承擔工作和達到組織所設定目標的自信心，克服困難和戰勝挫折的勇氣等等。如果你知道自己有幾分才華，而且工作量實在不少，卻又看不見太多的成果，那麼你很可能缺少自我管理。

一個資深的人事經理舉了這樣一個例子：單位的上班時間是8點30分，有人8點20分就到了，有人8點30分到，也有人8點40分才到。在平時是看不出這三類人有什麼本質的區別。但是在關鍵時刻，或許就是因為這遲到10分鐘的習慣，誤了大事。這其實就是每個人的自律能力不同導致的不同後果。因此，他最後總結道：「如果一個人沒有自律能力，那他在工作上的敬業程度就會大打折扣。」

一個工作效率很高的銷售主管說：「我一直保持著將文檔做得很工整的習慣，無論當時我有多忙甚至在週末也不例外，這個習慣讓我受益匪淺，我很清楚我所要完成工作的時間表和採取何種方式去做。」

在現實生活中，很多企業裏都有這樣的員工，最典型的行為莫過於「老闆在與不在兩個樣」，除非有人一直盯著管著他做一件事，他才能集中精力工作，否則就很容易三心二意開小差。這樣缺乏自律能力和自我管理能力的員工在企業裏無疑不受歡迎。因此，自我管理的能力是做好工作的前提條件。

無論從事什麼樣的工作，決定你成功的最重要因素不是智商、領導力、溝通技巧、組織能力等，而是一種有目的、有計劃的自我管理的能力和習慣。這種能力和習慣的有無可以決定一個人工作的好壞及其日後事業上的成敗。

7．輕視工作會讓你一無所獲

在社會生活中，每份工作都有它的價值。你在這個世界上找到什麼樣的工作，你便會過著什麼樣的生活。工作是人們賴以生存的基礎，是陪伴你安然行走在人生大道上的重要保障。因此，對人們來說，一切合法的工作都值得你去尊重，一切值得你尊重的工作都有它不容輕視的價值。

現為通泰電子集團首席執行官的約翰·克林斯頓在向外界介紹他的成功祕訣時說：「我並不認為自己有多麼優秀，我只是經常對自己的員工強調：在公司中無論你是什麼身分，幹著什麼樣的工作，是CEO，還是普通員工，都必須記住一點，否定自己的勞動是個巨大的錯誤，只有看重自己所從事的工作才會有發展。」

現在，有很多人認為自己所從事的工作只能勉強領薪，在人生事業上無足輕重。正是這樣的態度嚴重地限制了他們的人生價值，阻礙了他們事業的發展。他們置身於自己所從事的工作之中，雖也將工作當成一種必須，但卻認識不到工作的真正價值，日復一日、年復一年的辛苦勞作不過是為了生計。他們輕視自己的工作，對工作敷衍了事，總把心思放在怎樣才能幹一件大事來擺脫自己的現狀上。這樣的人怎麼可能有大的發展！

一個人認為自己是怎樣的，他便會朝著他認為的那個方向發展。你認為自己的工作很卑微，沒有前景，之所以每天要去工作只是為了糊口。你對工作缺乏熱情，甚至消極怠工，工作自然不會使你成功。同樣，你認為自己能力有限，不能承擔重任，因此在工作上只是不馬虎行事，而從不去積極進取。這些想法就注定了你只能成為公司的二流員工，平平庸庸地過一輩子。

反過來，如果你認為自己很重要，自己的工作亦非常重要，便能在工作中不斷總結經驗，接收到一種積極的心理資訊，會幫助和促使你把工作中的每一件事都做得更好。一件做得更好的工作意味著更多的升遷機會、更多的薪金、更多的權益，以及更多的發展空間。

因此，一個人尊重自己的工作其實就是尊重自己。

著名的管理諮詢專家蒙迪・斯泰爾在為《洛杉磯時報》所撰寫的專欄中說：「每個人都被賦予了工作權利，一個人對待工作的態度決定了這個人對待生命的態度，工作是人的天職，是人類共同擁有和崇尚的一種精神。當我們把工作當成一項使命時，就能從中學到更多的知識，積累更多的經驗，就能從全身心投入工作的過程中找到快樂、發現機會，取得成功。當然，擁有這種工作態度或許不會有立竿見影的效果，但可以肯定的是，當『輕視工作』成為一種習慣時，其結果可想而知。工作上的日漸平庸雖然表面上看起來只是損失了一些金錢和時間，但是對你的人生將留下無法挽回的遺憾。」

今天工作不努力，明天努力找工作。一個不輕視自己工作的人，在工作中任何一件瑣碎和不起眼的小事都會成為他成長和鍛鍊自己的機會，一個尊重自己所從事工作的人，根本無需為他的未來擔心。

8．每一次工作都是一次成功的機會

那麼，人們究竟為了什麼要去工作呢？除了維持生計，你還能從工作中獲得什麼呢？你這樣工作一輩子對自己的人生有何實質的意義呢？

在許多員工眼裏，認為自己認真工作只是在幫助自己的「上司」成功，他們覺得自己在公司的貢獻再大也只能得到那麼一點可以數得著的薪水，並不能從中再獲得其他實質性的東西，自己再怎麼努力，一輩子的前景似乎已經擺在眼前。因此，一旦付出超出薪水的努力便會覺得自己吃了虧，「便宜」了老闆。事實上，這是一種認識上的誤區。這種認識誤區所導致的直接後果便是，工作上裹足不前，無法為自己的工作創造更大的價值，同時也埋沒了自己應有的才幹。

在任何一個公司，員工為老闆打工，老闆付給員工報酬，這是肯定員工價值的一種體現。但是，除了工資之外，任何一家公司和老闆其實還給了每一位員工很多更加珍貴的東西，那就是工作經驗的培養和良好工作習慣的養成，還有就是職業品質的提高和個人品德的完善。這些東西，對每一個企求在工作中有所發展的人而言，比有限的薪金貴之百倍。如果員工在企業裏工作時能很好地獲得，將會是自己受益一生的財富。這些財富便是他為日後的成功創造出來的機會。

由此可以知道，那些只知道為工資而工作的人，其實是對自己的人生事業缺乏長遠規劃的人。這樣的人在一個公司裏工作再久，不僅對公司美好的前景無多大益處，對自己的生命也是一種摧殘。不能在公司中發揮應有的作用，得不到公司領導層的賞識，不注重工作技能和職業品質的提高，每一天的工作除了保證每月能拿到薪水外，實際是讓自己的事業生命一天天枯萎。相反，那些在工作中抱有長遠眼光的人，認真做事、踏實工作，付出雖常常超出自己的得到，但卻因此從中獲得了使自己不斷提升的機會，從而慢慢成為被「羨慕」的人。

因此，能夠認真對待每一份工作的人，實際是最能為自己創造機會的人，因為他們在工作中所養成的一切優秀品質，早已為他們日後在同別人的競爭中占了先機。

美國零售業大王傑西・彭尼說：「一個人要想有所成就，最明智的辦法是選擇一份即使報酬不多也願意做下去的工作。因為暫時的放棄是為了未來更好地獲得。因為你在為公司工作的同時，也是在為自己的未來工作。」

在一個人的成長過程中，每一個梯級就是一個舞臺，每一個舞臺都可以讓你得到展示自己的機會。只要認真去對待每一份工作，將腳下的每一步都走好，即便最簡單和微小的事情也會令你從中受益，為自己創造成功的機會。

9．坦然地接受工作的一切

在生活中，人們經常看到一些人抱怨自己的工作枯燥、卑微，因而輕視自己所從事的工作，無法全身心投入工作。他們在工作中敷衍了事，做一天和尚撞一天鐘，從來不願多做一點兒，但在玩樂的時候卻是興致高昂，得意的時候春風滿面。他們將大部分心思都用在如何擺脫目前工作環境上，似乎不懂得工作應是付出努力，總想避開工作中棘手麻煩的事，希望輕輕鬆鬆地拿到自己的薪資。

美國獨立聯盟主席傑克•弗雷斯從13歲起就開始在他父母的加油站工作。弗雷斯起初想學修車，但他父親卻讓他在前臺接待顧客。當有汽車開進來時，弗雷斯必須在車子來了之後，先去檢查油量、電池、傳動帶、膠皮管和水箱。

弗雷斯在工作中注意到，如果他活幹得好，顧客大多還會再來。於是弗雷斯每次總是多幹一些，幫助顧客擦去車身、擋風玻璃和車燈上的污漬。

有一段時間，每週都會有一位老太太開著她的車來清洗和打蠟。這個車的車內踏板很難打掃，而且這位老太太每次都將它弄得很髒，人還極難打交道。每次當弗雷斯將車清洗好後，她都要仔細檢查好幾次，讓弗雷斯重新打掃，直到滿意為止。

終於有一次，弗雷斯忍無可忍，不願意再侍候她了。

這時，他的父親告誡他說：「孩子，記住，這就是你的工作！不管顧客說什麼或做什麼，你都要記住做好你的工作。」

父親的話，讓弗雷斯深受震動，許多年以後他仍不能忘記。

弗雷斯說：「正是在加油站的工作，使我學到了嚴格的職業道德和應該如何對待顧客，這些東西在我以後的職業生涯中起到了非常重要的作用。」

每一種工作都有它的辛勞之處。體力勞動者，會因為工作環境不佳而感到勞累；在窗明几淨的辦公室裏工作的人，會因為忙於協調各種矛盾而身心疲憊；居於高位的領導者，背負著公司內部管理和企業整體運營的壓力。但他們或許正因為如此，在工作出現佳績的同時也享受到相應的報酬和快樂。

而那些只想享受工作的益處和快樂的人，是無法體會到工作帶給他的快感的。他們在喋喋不休的抱怨中，在不情願的應付中完成工作，必然享受不到工作的快樂，更無法得到升職加薪的快樂。

記住，這是你的工作！每一位員工應該牢記這句話。

不要忘記工作賦予你的榮譽，不要忘記你的責任，更不要忘記你的使命。坦然地接受工作的一切，除了益處和快樂，還有艱辛和忍耐。因為這是你的工作，與你的老闆、同事、工作對象沒有任何關係，他們不能真正幫助你；同樣，在你工作得很起勁時，他們也不能真正阻止你。你的事業和前程在自己手中，在你所幹的每一份工作中。

10．對工作負責，就是對自己負責

松下幸之助曾說：「責任心是一個人成功的關鍵。對自己的行為負責，獨自承擔這些行為的哪怕是最嚴重的後果，正是這種素質構成了偉大人格的關鍵。」

事實上當一個人養成了盡職盡責的習慣後，無論從事任何工作他都會從中發現工作的樂趣，並在這種責任心的驅使下，使自己的工作能力和成功機率大幅度提高。

工作就意味著責任。每個職位所規定的工作內容就是一份責任。你從事這份工作就應該擔負起這份責任。每個人都應該對所擔負的責任充滿責任感。

責任感與責任不同。責任是指對任務的一種負責和承擔，而責任感則是一個人對待任務、對待公司的態度。一個人責任感的強弱決定了他對待工作是盡心盡責還是敷衍了事。如果你在工作中，對待每一件事都是盡職盡責，出現問題也絕不推脫，那麼你將贏得足夠的尊敬和榮譽。

在生活中，人們常常認為只要準時上班，按時下班，不遲到，不早退就是對工作負起責任了，就可以心安理得地去領工資了。其實，光做到這些，還遠遠不夠。一個人無論從事何種職業，都應該心中常存責任感，敬重自己的工作，在工作中表現出忠於職守、盡心盡責的精神，這才是真正的敬業。

社會學家大衛斯說：「放棄了自己對社會的責任，就意味著放棄了自身在這個社會中更好的生存機會。」當你對工作充滿責任感時，就能從中學到更多的知識，積累更多的經驗，就能從全身心投入工作的過程中找到快樂。這種習慣或許不會有立竿見影的效果，但可以肯定的是，當懶散敷衍成為一種習慣時，做起事來往往就會不誠實。這樣，人們最終必定會輕視你的工作，從而輕視你的人品。

責任感是人們戰勝工作中諸多困難的強大精神動力，它使人們有勇氣排除萬難，甚至可以把「不可能完成」的任務完成得相當出色。一旦失去責任感，即使是做自己最擅長的工作，也會做得一塌糊塗。

或許有人會說，只有公司管理層人員才需要很強的責任感，而自己只是一名普通員工，只要把事情做完了就行了。事實上，企業是由眾多員工組成的，或許因為分工不同、崗位不同，職責也不盡相同，但每一個人卻都負載著企業生死存亡、興衰成敗的責任，因此無論職位高低都必須具有很強的責任感。

一個缺乏責任感的員工，不將企業的利益視為自己的利益，很難處處為企業利益著想。這樣的人在任何一個企業都是可有可無的，隨時都有可能被解雇。

一個有責任感的員工，不僅認真完成自己分內的工作，而且要時時刻刻為企業著想。這樣的人，在任何一個公司都會被需要，都會得到公司的信任和尊重。事實上，只有那些能夠勇於承擔責任並具有很強責任感的人，才有可能被賦予更多的使命，才有資格獲得更大的機遇和榮譽。

對待工作，是充滿責任感、盡自己最大的努力去完成任務，還是敷衍了事，這一點正是事業成功者和事業失敗者的分水嶺。事業有成者無論做什麼，都力求盡心盡責，絲毫不放鬆努力；不負責任者無論做什麼，都輕率疏忽，一遇到問題就推託藉口。這就是兩者最大的區別。

作為社會的一份子，面對日益激烈的競爭，無論從事何種工作，缺乏工作責任感，無異於給自己貼上一枚失業的標籤。對工作負責，就是對自己負責。要知道，在職場中容不得半點不負責任，你若不對自己和自己的工作負責，怎麼企求別人對你負責呢。

11．感激工作

有位父親告誡剛踏入社會的兒子：「若遇到一位好老闆，便要忠心地為他工作；假如第一份工作就有很好的薪水，那算你的運氣好，要努力工作以感恩惜福；萬一薪水不理想，老闆也不太好，就要懂得在工作中磨鍊自己的技藝。」

這位父親是睿智的，所有的年輕人都應將這些話牢牢地記在心底，始終秉持這個原則做事。即使起初位居他人之下，也不要計較。在工作中不管做任何事，都應將心態回歸到零，學會感激工作中的一切：感謝工作環境，感謝你的老闆，感謝每一次的工作機會。並積極地將每一次工作任務都視為一個新的開始，一段新的體驗，一扇通往成功的機會之門。

或許每一份工作都無法盡善盡美，但每一份工作中都有寶貴的經驗和資源，如失敗的沮喪、成長的經驗、老闆的嚴苛和同事間的競爭等，這些都是任何一個工作者走向成功必須體驗的感受和必須經歷的鍛造。

感恩的心態可以改變一個人的一生。如果你能每天都懷著感恩的心情去工作，在工作中始終牢記「擁有一份工作，就要懂得感恩」的道理，你一定會收穫很多。

對工作心懷感激並不僅僅有利於公司和老闆。「感激能帶來更多值得感激的事情」，請相信，努力工作一定會帶來更多更好的工作機會和成功機會。

此外，對於個人來說，感恩會賦予你富裕的人生。感恩是一種深刻的感受，能夠增強個人的魅力，開啟神奇的力量之門，發掘出無窮的智能。

一個人若失去感激之情，會馬上陷入一種糟糕的境地，對許多客觀存在的現象日益挑剔甚至不滿。如果你的頭腦被那些令你不滿的現象所佔據，你就會失去平和、寧靜的心態，並開始習慣於注意那些瑣碎、消極、猥瑣、骯髒甚至卑鄙的事情。放任自己的思想關注陰暗的事情，並讓自己也慢慢變得陰暗。相反，若你把注意力全部集中在光明的事情上，你將會變成一個積極向上的人，一個大有作為的人。

不要浪費時間去分析和抨擊高高在上的公司領導，不要無休止地指責和厭惡在某些方面不如自己的部門主管。指責別人並不能提高自己，相反，抨擊和指責他人只能破壞自己的進取心，給自己徒增煩惱和不滿。請相信，市場永遠是公平的，它會以自己的方式去實現公平。

那些牢騷滿腹的年輕人，請將目光從別人的身上轉移到自己手中的工作上，心懷對工作的感激之情，多花一些時間，想想自己還有哪些需要改進和提高的地方，看看自己的工作是否已經做得很完美了。如果你每天能懷著一顆感恩的心而不是抱怨的心態去工作，相信工作時的心情自然是愉快而積極的，工作的結果也將大不相同。

12・快樂工作就是快樂生活

工作是人生不可或缺的一部分，一個人抱著什麼樣的態度去工作，也就是抱著什麼樣的態度去生活。

法國神學家加爾文曾說：「人生真正的快樂不是無憂無慮，不是去享受，這樣的快樂是短暫的。缺少一份充滿魅力的工作，你就無法領略到真正的快樂。」

那麼，什麼樣的工作才算是有魅力的工作呢？每個人心裏或許都有自己的答案，但同時也應該明白，這並不是最重要的。因為，一份工作是不是充滿魅力，並不完全取決於工作本身，而是從事該工作的人對這份工作所持有的態度。

詩人彌爾頓說：「一切皆由心生，天堂和地獄只不過一念之間。」你認為自己工作得很快樂，你就會工作得很快樂；你認為上班簡直是一件苦差事，你從每週一到週五都會感到很痛苦。正如某位哲人所說，你選擇了如此，你便如此。

其實，在人生旅程中，很多時候根本無從選擇，比如父母、性別、出生環境；比如可以選擇學校卻無法選擇老師，可以選擇工作卻無法選擇上司和同事。但很多時候又充滿了選擇，比如面對困難是堅持還是放棄、面對逆境是哭還是笑、面對挑戰是快樂還是憂傷、面對生活是樂觀還是悲觀。因為無從選擇，人們學會了接受的同時也經歷了磨鍊；

因為可以選擇，人們與命運相搏，追尋自身的價值，實現人生的理想。

人生最大的價值，就是讓自己活得精彩。蘇格拉底說：「每個人身上都有太陽，只是要讓它發出光來。」人們大都是平凡的人，都做著平凡的工作、平凡的事，都處在平凡的工作崗位上，但平凡並不意味著平庸，只要讓自己所工作的每一天都充實而有意義，工作自然會對你顯示出魅力，讓你為之快樂。

愛迪生曾說：「在我的一生中，從未感覺是在工作，一切都是對我的安慰……」工作是一個人價值的體現，如果將它當成苦役，生活的樂趣從何而來！每天很早就起床，急急忙忙趕往公司，坐一天，或者跑一天，好不容易熬到下班再拖著疲憊的身體回家……這樣生活有什麼快樂？過這樣的生活有什麼意義？不要抱怨工作，如果覺得工作太枯燥，最容易和最簡單的辦法，就是改變一下自己對工作的態度，多投入一些熱情。這才是最明智的選擇。

有個英國記者到南美的一個部落採訪。

這天是個集市日，當地土著都拿著自己的特產到集市上交易。

這位英國記者看見一位老太太在叫賣檸檬，雖然並無多少人光顧，但她總是一臉笑容地打量著從她攤前走過的每個人。記者見老太太一上午也沒賣出幾個檸檬，動了惻隱之心，打算把老太太的檸檬全買下來，好讓她能高高興興地回家。

當這位記者把自己的想法告訴老太太的時候，老太太的話卻使記者大吃一驚：

「都賣給你？那我下午做什麼？」

是啊！每個人每天去工作，為的自然是能夠賺足夠多的錢來貼補自己的生活所需，但如果因此而純粹為錢去工作，工作自然也會變成生活的一種負擔，怎能不為之感到厭煩、痛苦。

曾經在美國費城的大樓上立起第一根避雷針，有著「第二個普羅米修士」之稱的佛蘭克林，說過這樣的話：「我讀書多，騎馬少；做別人的事多，做自己的事少。最終的時刻終將來臨，到那時我但願聽到這樣的話『他活著對大家有益』，而不是『他死時很富有』。」

活著對大家有益，這就是工作賦予你的意義——不過如果你能夠積極地對待工作，並努力從工作中發掘出自身的價值，你就會像愛迪生、佛蘭克林、那位老太太一樣，發現工作是生命的一種必需，是快樂最大的源泉，而不是一種惹人生厭的苦役。

有一則關於巴頓將軍的小故事生動地說明了什麼是人生最大的快樂。巴頓將軍駕車去前線鼓舞士氣，向眾將士問道：「什麼是人生最大的快樂？」

一位士兵回答：「被尊重。」「那太依賴了。」巴頓將軍說。又有一個人說：「愛。」巴頓將軍笑道：「太天真。」接下許多人都提出了自己的觀點，巴頓將軍都一一否定了，最後他提出了自己的答案：「被需要。」快樂的人生就是「被需要」，快樂的工作就是「被需要」，如果你能有以「被需要」為人生最大快樂的心境去工作，那麼工作就會變成你為自己營造快樂的天堂。

13．用工作雕塑自己的人生

一個人的一生，是他親手製成的雕像，是美麗還是醜惡，可愛還是可憎，都由他一手造成。而一個人在工作中的一舉一動，每做一件事，無論是接待一位顧客，出售一件貨物，或是接聽一個電話，都在說明雕像的美與醜或可愛與可憎，都會給自己的人生帶來不可小視的影響。

弗雷德是美國郵政的一名普通郵差，然而他卻實現了自己的人生從平凡到傑出的跨越。他的故事改變了兩億美國人的觀念。

一天，職業演說家桑布恩遷至新居，郵差弗雷德前來拜訪：「上午好，先生！我的名字叫弗雷德，是這裏的郵差，我順道來看看，向你表示歡迎，同時也希望對你有所了解，比如你的職業。」

當得知桑布恩是位演說家時，弗雷德問：「那麼你肯定要經常外出了？」

「是的，確實如此，我一年有200來天出門在外。」

弗雷德點點頭繼續說：「這樣的話，你最好能給我一份你的日程表。你不在家的時候我可以把你的信件暫時代為保管，然後等你回來時再送過來。」

演說家聽後有些吃驚，急忙說道：「把信放在門口的郵箱裏就行了，我回來時取也一樣的。」

弗雷德解釋道：「桑布恩先生，竊賊經常會窺探住戶的郵箱，如果發現是滿的，就表明主人不在家，那你可就要深受其害了。」

「不如這樣好了，」弗雷德繼續說，「只要郵箱的蓋子還能蓋上，我就把信放到裏面，別人不會看出你不在家。塞不進去的郵件，我擱在房門和屏柵門之間，從外面看不見。如果那裏也放滿了信，我就將信留著等你回來。」

兩週後，演說家出差回來，發現擦鞋墊跑到了門廊一角了，下面還遮著什麼東西。原來，美國聯合公司把他郵寄的一個包裹送錯了地方，弗雷德把它撿回來，送回原處，還留了張紙條。

演說家桑布恩後來在許多次演說中都情不自禁地講起這個郵差，他說：「他就這樣工作著，雖因四處奔跑的原因，每次見他都不一樣，但你一想起他，便有一個固定的形象在你眼前閃現，那是一種不變的、讓人敬仰的形象。」

弗雷德用自己的工作為自己的人生塑造了一個完美的雕像，被演說家桑布恩四處傳誦著。其實他幹的工作與人們日常所幹的工作並沒有什麼不同，但你能看出他的用心、他的責任以及他的熱情。

一個優秀的員工無論做什麼工作，都會避免毫無節制地消磨時光和敷衍了事。事實上，一個人能否在工作中表現出一種雕塑的精神，竭盡全力去完善自己，是決定他日後人生事業成敗的關鍵。

人們知道，工作是需要用生命去做的事。對一個人來說，生命中最重要的活動就是工作，人們用自己的大半生去努力工作，實現自己的人生價值，這其中，工作在人們的生命歷程中所具有的意義，其實就是人生的意義。

第四章

不可不知的職場「潛規則」

在各種人際關係中，最重要的莫過於與上司和同事的關係了，上司從某種程度上說決定你的沉浮升遷，前途命運，而同事們則決定了你職業生涯的成功與快樂與否！因此，在職場中生存必須懂得一些職場的「潛規則」。

1．完美執行，不找藉口

在工作中，只有兩種行為：要麼努力挑戰困難完美執行，要麼避重就輕尋找藉口。前者可以帶來成功，而後者只能走向失敗。

巴頓將軍在他的戰爭回憶錄《我所知道的戰爭》中，曾寫到這樣一個細節：

「我要提拔人時常常把所有的候選人排到一起，給他們提一個我想要他們解決的問題。我說：『夥計們，我要在倉庫後面挖一條戰壕，8英尺長，3英尺寬，6英寸深。』我就告訴他們那麼多。我有一個有窗戶或有通風口的倉庫。候選人正在檢查工具時，我走進倉庫，通過窗戶或通風口觀察他們。我看到夥計們把鍬和鎬都放到倉庫後面的地上。他們休息幾分鐘後開始議論我為什麼要他們挖這麼淺的戰壕。他們有的說6英寸深還不夠當火炮掩體。其他人爭論說，這樣的戰壕太熱或太冷。如果夥計們是軍官，他們會抱怨他們不該幹挖戰壕這種勞動。最後，有個夥計對別人下命令：『讓我們把戰壕挖好後離開這裏吧。那個老畜生想用戰壕幹什麼都沒關係。』」最後，巴頓寫道：「那個夥計得到了提拔。我必須挑選不找任何藉口地完成任務的人。」

無論什麼工作，都需要這種不找任何藉口去執行的人。無論做什麼事情，都要記住自己的責任，無論在什麼樣的工作崗位上，都要對自己的工作負責。不要用任何藉口來為自己開脫或搪塞，完美的執行是不需要任何藉口的。

那些認為自己缺乏機會的人，往往是在為自己所面臨的困難尋找藉口。成功者不善於也不需要編織任何藉口，因為他們能為自己的行為和目標負責，也能享受自己努力的成果。

習慣性的拖延者通常是製造藉口與託辭的專家。他們經常為沒做某些事而製造藉口，或想出各式各樣的理由為事情未能按計劃實施而辯解。「這個工作做起來難度太大。」、「客戶不回信我有什麼辦法。」、「這段時間實在太忙，把這件事給忘了。」「這麼大的工程只給這麼點時間，怎麼可能完成。」等，聽上去好像是「理智的聲音」、「合情合理的解釋」。但不論藉口是多麼的冠冕堂皇，藉口就是藉口，它所能帶給你的後果，一點也不會因你的藉口如何完美而有絲毫改變。

在工作中找藉口是最愚蠢的人都能想到的辦法，更是世界上最容易辦到的事情，如果你存心拖延逃避，你總能找出藉口。找藉口是一種很不好的習慣。出現問題不是積極、主動地加以解決，而是千方百計地尋找藉口，你的工作就會拖遝，以致沒有效率。藉口變成了一面擋箭牌，事情一旦辦砸了，就能找出一些看似合理的藉口，以換得他人的理解和原諒。

在一般情況下，人們找藉口無疑是為了把自己的過失掩蓋掉，心理上得到暫時的平衡。但長此下去，藉口成習慣，人就會疏於努力，不再想方設法積極進取了。

有多少人因為把寶貴的時間和精力放在了如何尋找一個合適的藉口上，而耽誤了自己的前程。有多少人因為工作不努力、不認真，一見困難就找機會推脫，一出問題就找藉口掩蓋，而錯過了一次又一次挑戰自我爭取成功的機會。

在任何一家公司或者企業中，那些企圖靠種種藉口來蒙混公司、欺騙管理者的人，最後只能落得被淘汰出局的下場。他們不尊重自己，卻企求別人對他的尊重；他們不尊重工作，卻夢想從工作中得到一切。這種毫無責任心的人在社會上也不會被大家信賴和尊重。藉口是對惰性的縱容。每當他們要付出勞動，或要作出抉擇時，總想讓自己輕鬆些、舒服些。這時藉口總是在他們的耳旁竊竊私語，告訴我們因為某些原因而不能做某事，久而久之他們甚至會潛意識地認為這是「理智的聲音」。假如你有此類情況，那麼請你做一個實驗，每當你使用「理由」一詞時，請用「藉口」來替代它，也許你會發現自己再也無法心安理得了。

2．忌在工作中孤軍奮戰

在現代公司中，團隊的命運和利益包含了每個成員的命運和利益，沒有一個人可以使自己的利益與團隊相脫節，也沒有人可單憑一己之力去完成一項有規模的任務。

然而，儘管大多數人都懂得團隊協作能帶來諸多好處，但團隊成員之間的協作遠非人們希望的那樣簡單。因此，人們便常能看到一些業務專精的員工，仗著自己比別人優秀，或者合作時不積極，或者總傾向於一個人孤軍奮戰，然後拼死拼活，也未做出多大成就。其實他完全可以借助其他人的力量來使自己更優秀。

傑克不僅擁有很高的學歷，工作成績也很突出，堪稱公司辛勤工作的典範。公司老闆對他所做的工作評價很高。按照他的才能，他早就應該晉升到更高的職位了，可他現在依然在原地不動。

傑克不明白，為什麼那些能力比他差的人都得到了晉升，而他的職位卻一直很可憐，連私人辦公室都沒有。

原來，造成這種狀況的一個很重要的原因便是，傑克不喜歡與人合作。他只是埋頭於自己的工作，不喜歡和大家交流，如果公司其他成員需要他的協助，他不是拒絕就是很不情願地參與。有時他寧可事事親歷親為，也不向同事求助。

傑克這樣的孤軍奮戰，老闆又怎麼可能讓他去帶領一個團隊！據有關專家對職場人員流動情況的研究表明，大多數人是因為不善與人相處而離開公司的，這一原因超過其他任何一種原因。

因此，現在一些大公司在招聘人才時，十分注重人才的團隊精神，他們認為一個人是否能和他人和諧相處和相互協作，要比他個人的能力重要得多。

雖然每一位老闆都希望自己的員工精明強幹，能獨當一面，但個人的表現優秀並不一定就能被老闆委以重任。老闆重視的是整體效應，即「一花獨放不是春，百花齊放春滿園。」你如果像一隻發現了遠處有一片鮮花的蜜蜂那樣，不肯將花源告訴你的同伴，只顧自己採花，那麼，你釀的蜜再多，也多不過一群蜜蜂釀的蜜！

一個人的表現再突出，如果忽略了和團隊的整體合作，或者不屑與團隊合作，從長遠角度來講，既不會為團隊帶來持久的效益，個人價值的實現也必將遙遙無期。

其實，要做一個成功的事業跋涉者，保證你事業有成的訣竅之一，便是讓與你共事的人喜歡你、欣賞你。同時，你也只有在團隊成員的幫助下，才能最大限度地發揮自己的才能，並成為團隊中舉足輕重的成員。

3．嚴防禍從口出

人與人之間相處，最忌交淺言深，這種情形如果發生在辦公室，它所造成的負面影響就不能忽略。

你剛到一個新的工作環境，同事對你表示友善和歡迎的態度，大家一起出外午餐，有說有笑，無所不談。但其中一名同事可能跟你最談得來，樂意把公司的種種問題以及每一位同事的性格盡訴。你本來對公司的人事一無所知，自然也很珍惜這樣一位「知無不言，言無不盡」的同事，彼此談得相當投機。你開始減低自己的防衛，看到什麼不順眼、不服氣的事情，也與這位同事傾吐，甚至批評其他同事的不是之處，藉以發洩心中的悶氣。

如果對方永遠是你的忠心支持者，問題自然不大。但你對這位同事了解有多少？要知道「來說是非者，便是是非人。」你怎麼知道你與對方不過數月的交情，比他與其他同事的感情來得深厚？為這一時之快，你把不該說的話說出來，對方手上便有了一張王牌，隨時隨地都可以把你曾批評過別人的話公之於眾，那時你在公司還有立足之地嗎？

同級的行政人員，常會聚在一起談論公事。當某主管欲提升下屬向你徵詢意見時，請三思而後言，因為你的表現可以反映你的形象。

如果你覺得這位職員十分突出，「他是個很好的助手」這類評語太空泛了，同事會認為你不夠細心。應該列出一些特別例子以加強分量，這樣才顯出你的觀察力過人。例如說：「他往往能說服一些固執的顧客去嘗試一些新的交易形式。」將來這人在適當的職位上表現出色，那麼你的聲譽同樣會提升。

要是你認為此人頗為能幹，但有些方面仍不足時，可以有所保留地說：「我跟他接觸不多，不能妄斷呀！」這樣，你並沒有說他不能任新職，但如果以後他表現的叫人失望，也與你無關。

若你對此人根本沒有好感，索性說：「我不會推薦他！」但不必詳加解釋。總之，無論是你體驗過的，或道聽塗說的，都不必再提。重點只是，你相信他不能勝任新職，所以不便推薦。

「禍從口出」，有時表現為不顧後果的頤指氣使。有些人習慣了以「惡人」的姿態出現。很多人對這類人會抱有戒心。或許，你曾見過這樣的例子：某人在開會時，疾言厲色，令在場的諸人包括老闆都不敢多哼一句，結果他獲得了全面的勝利。

然而，這些例子多有其背後的因素，如他早已取得一定的地位。在這件事情上，有絕對把握，加上其他人等本身完全沒有支持力，才會有如此一面倒的情況。又或者，某些行業確實需要一定的「暴力」。

「禍從口出」有時又表現為不負責的傳播謠言或小道消息。在辦公室裏，有人特別喜歡向你傾訴心事。可是，知道別人太多的私事，卻不是好事。尤其是在辦公室裏，更有可能平白給自己惹來麻煩，甚至埋下定時炸彈。

在許多時候，你一時口快，或者誤以為對方早已知曉，總之是無心之失，將有關某同事的小祕密洩露了出來，怎麼辦？

例如，你與某甲吃午飯，某甲明明與某乙表面上很友好，所以你以為對方一定對某乙之事瞭若指掌，於是說話隨便得很。你問：「某乙那天碰釘子，真是倒楣！」對方瞪著雙眼反問：「究竟發生了什麼事呢？」當下，你明白碰釘子的是你自己，如何「補救」？你可以這樣答覆對方的問題：「我是說某乙那天遲到卻碰巧遇到上司罷了。」隨便找一個小事談談，裝作一派漫不經心的樣子，然後快快另找一個話題，將對方的注意力分散。

這種錯誤，其實只有你自己知曉，所以沒有慌亂的必要。裝作無知，擺明你是什麼也不知道的。這樣，即使事情搞大了，起碼洩露的人不是你！當然你更萬萬不該自動向當事人謝罪。

在很多情況下，你只應該做個聽眾。如你的兩位好同事由親密戀人宣告各走各的路，而他倆又分別向你訴苦，數落對方的不是。本來，別人的情史跟你無關，但礙於同事一場，你是沒有理由掩耳跑開的。其實，做個聽眾倒是不妨的，只是最好別做唯一的聽眾，因為容易陷自己於困境。總之，保持距離乃是上上之策。不參加意見，也不費神去理解，對你有益無害。

4．不要因為吃一點虧而斤斤計較

經商中的「先賠後賺」之計，也就是做做表面文章的意思。美國人出外旅遊，有一去處可以不花一文錢，甚至還有節餘，這個地方便是大西洋賭城。從紐約出發，到那裏來回車費才20美元，到達後馬上可以得到賭城當局饋贈的15美元現金，還有一頓豐盛的自助餐。第二次來時，憑車票又可以得到8美元的饋贈。

這是賭場老闆謀利的一個妙計，吸引顧客前來，來得越多越好，因為來賭場而不賭者寥寥無幾，不管賭客運氣如何，總體上是賺少賠多。因此，所謂來去不花錢，實際上花費的是賭場老闆從顧客身上賺來的零頭。得到最大好處的當然是賭場老闆，但顧客的心理還總能承受。這就是賭場老闆的訣竅。所謂「降價銷售」、「有獎銷售」、「品嘗銷售」、「買一贈二」等，實際上都是「羊毛出在羊身上」。然而，商戰中因此取勝的卻是很多。看似吃虧，實則賺了大便宜。

古人常說：「過猶不及」，是說凡事要講一個適度，對於功名利祿，凡人幾乎沒有不夢寐以求的，但如果過分熱中，弄不好就會陷入其中而不能自拔，最終毀滅自己。身外之物應當被人奴役，而不應奴役人，這話一說出來，大家都能明白，可是世上的事往往是「不識廬山真面目，只緣身在此山中」，局中人就不容易明白，不容易跳出三界外了。因此，真正聰明之人，對待功名利祿也是「得放手處且放手」，講究個「吃虧是福」，講究個裝糊塗，不可過分執著。

所以，急流勇退，明哲保身，看似吃虧，其實是莫大的福氣。歷史上有多少不知急流勇退，抱著權力不放手的功臣慘遭毒手啊！這種抽身退回的功夫，那些凡夫俗子豈能理解。

在社會交往過程中，道理也是如此，既然求人就不要因為吃一點虧而斤斤計較，開始時吃點虧，以後求別人辦的事情辦妥了，損失總會彌補過來，此所謂有捨必有得。同時，從長遠看，表面上吃虧，實際上是占大便宜，這也是一種隱身法的表現。

5．忌被動做事

拿破崙．希爾曾經說過：「自覺自願是一種極為難得的美德，它驅使一個人在沒有人吩咐應該去做什麼事之前，就能主動地去做應該做的事。」職場中有一些人只有被人從後面催促，才會去做他應該做的事。這種人大半輩子都在辛苦地工作，卻得不到提拔和晉升。反之，在工作中抱著積極主動的態度，努力改進自己的工作，驅策自己不斷前進，才會使自己從激烈的競爭中脫穎而出。

有一句美國諺語說：「通往失敗的路上，處處都是錯失的機會，坐待幸運從前門進來的人，往往忽略了從後門進入的機會。」

然而不幸的是，大多數人的弊病是，容易養成被動工作的習慣，不但不會主動去做老闆沒有交代的工作，甚至老闆交代的工作也要一再督促才能勉強做好。這種被動的態度自然會導致一個人的積極性和工作效率的下降。久而久之，即使是被交代甚至是一再交代的工作也未必能把它做好，因為他習慣於想方設法去拖延、敷衍。

羅傑在一家五金店做事，每月的薪水是75美元。有一天，一位顧客買了一大批貨物，有鏟子、鉗子、馬鞍、盤子、水桶、籮筐等。這位顧客過幾天就要結婚了，提前購買一些生活和勞動用具是當地的一種習俗。貨物堆放在獨輪車上，裝了滿滿一車，顧客希望羅傑能幫他把這些東西送到他家去。

其實送貨並非是羅傑的職責，羅傑完全是出於自願為客戶運送如此沉重的貨物。途中，車輪一不小心陷進了一個不深不淺的泥潭裏，顧客和羅傑使盡了所有的力氣，車子仍然紋絲不動。恰巧有一位心地善良的商人駕著馬車路過，幫羅傑他們把車子拉出了泥潭。

當羅傑推著空車艱難地返回商店時，天氣已經很晚了，但老闆卻並沒有因羅傑的額外工作而稱讚他。一個星期後，那位商人找到羅傑並告訴他說：「我發現你工作十分努力，熱情很高，尤其我注意到你卸貨時清點物品數目的細心和專注。因此，我願意為你提供一個月薪500元的職位。」羅傑接受了這份工作。

在實際工作中，你應該自覺自願地多做一些工作，說不定這些額外的付出就是你走向成功的開始。

每個公司都會出現一些無人負責的事情，這時就需要員工有一種主動精神，多做一些事情，做的事情越多，你的地位就越重要，掌握的個人資源和工作資源也就越多，情形就對自己就越有利。

其實無論你做什麼，都是在為將來做準備，如果你樹立起自動自發的意識，用鍛鍊自己成長的積極心態來對待自己正在做的事情，就能把工作當成是一種機會。

任何時候，你都需要捫心自問：你是否自動自發，凡事積極主動呢？如果你的回答不是特別肯定的話，那麼，你就必須改變自己的工作態度，讓自己成為一個任何時候別人都離不開你的人。

6．忌投機取巧

對工作和自己的行為百分之百負責的人，他們更願意花時間去研究各種機會和可能性，顯得更值得信賴，也因此能獲得別人更多的尊敬。與之相反，對工作總是敷衍了事的人，他們更願意發揮自己「投機取巧、避重就輕」的特長，更願意在「上有政策，下有對策」上發揮自己的聰明才智，並以讓自己在工作中能隨意獲得片刻的輕閒為榮。

這兩種人，前者在工作中認真負責也許並不會有什麼回報，但他因為做事一絲不苟所培養起來的品格，所獲得的經驗和成長的智慧，終究會使他在自己的事業上一往無前。而後者在工作中的投機取巧也許能讓他得到一時的便利，但他因為長期在工作中投機取巧、無所事事，他的工作能力不僅會為之退化，品格也會變得墮落，為自己的一生埋下隱患。

一個人看見一隻幼蝶在繭中拼命掙扎了很久，覺得牠太辛苦了，出於憐憫，就用剪刀小心翼翼地將繭剪掉了一些，讓牠輕易地爬了出來，然而不久這隻幼蝶竟死掉了。幼蝶在繭中掙扎是生命過程中不可缺少的一部分，是為了讓身體更加結實、翅膀更加有力，而這種投機取巧的方法隻會讓其喪失生存和飛翔的能力。

世界上絕頂聰明的人很少，絕對愚笨的人也不多，一般都具有正常的能力與智慧。那麼，為什麼有些人成功了而有些人卻總是遭受失敗呢？

這裏面最重要的一個原因就是他們對作待工作所持有的態度，那些對工作認真負責者，在認真工作中獲得了掌控自己命運的能力，同時也將自己的事業一步一步推向高峰；那些習慣於投機取巧者，不願意付出與成功相應的努力，卻希望到達輝煌的巔峰，不願意經過艱難的道路，卻渴望取得事業上的勝利。這豈不是癡人說夢。

7．處處多個「心眼」

人們往往在同事面前擺出一副虛假的面孔，掩蓋自己的各種弱點，掩蓋自己真實的東西。

一、學會與有棱角的同事相處

一位評論家強調：平時須與有癖性的人交往以鍛鍊自己，使自己成為堅強的人。有癖性的人，全身上下都有棱角，剛開始與這樣的人交往可能不習慣，會因與其棱角對抗而傷痕累累，但絕不可因此退卻，否則便會失去鍛鍊自己的寶貴機會。要學會忍受，要喜愛那些有棱角的人。這樣，不管遇到多麼尖的棱角，也不會感到痛苦，甚至會覺得那是一種快感。這樣，你便有可能成為圓滿的人，有限的人生也能獲得最大的愉悅。長期與有癖性的人交往，對方的棱角會融入你的體內，並滲入血液，由於體內吸收了異己的分子，則能感覺到自己變成了一個更有深度的人。

在上班者的生涯中，不得不與形形色色的各種人物打交道，不要因對方是自己不喜歡的人，就厭惡他；不妨學習與這種人適當交往的辦法，這樣，自己也能漸漸地成長為有度量的人，而能在上班者的生涯中嶄露頭角。

二、同事之間不可隨便交心

做一個「公司人」，社交活動不免與公司有關。下班之後，與同事一起喝杯酒，聊聊天，不但有助於日常工作，還可能知道與公司有關的消息。因此，公司所辦的各種聚會，自然要參加，與同事及上司打一兩場「社交麻將」也有必要，但有一點要記著：莫可隨便交心。

同事之間，只有在大家放棄了相互競爭，或明知競爭也無用的情況下，才會有友誼的存在。如果交了真心，動了真感情，只會自尋煩惱。比如說，甲與乙是同級，而且是好朋友，只有一個升級的機會。如甲升了級，乙沒有升，乙怎樣想呢？若繼續與甲友好，免不了會被人認為是趨炎附勢；甲主動對乙友好，也並不自然。

三、注意保存自己

藍領與白領不同的地方之一，是藍領向上的流動性不大，升遷的機會不多。因此，藍領工人打的是正規戰術，集體討價還價。而白領階層則大有個別拼搏的機會，獲得升遷是單打獨鬥的結果。因而白領之間不但沒有藍領的同志感情，往往還互相猜忌、爾虞我詐。這種環境，有如深入敵後、孤軍作戰的游擊隊。

許多力爭上游的白領，很注意將對手打倒，卻不善於保存自己，這是不足取的。一方面要友好競爭，另一方面要在與人的競爭中保存自己，在勢孤力弱的情況下，就要夾緊尾巴，千萬不要露出要向上爬的樣子，否則成為眾矢之的。俗語說：「不招人忌是庸才。」但在一個小圈子裏，招人忌是蠢材。在積極做事的時候，最好擺出一副「只問耕耘，不問收穫」的超然態度。

四、不要替別人背黑鍋

在公司或一個行政單位裏，做事好壞對錯，很多時候是由上級主觀決定。如果上級意志強，下級多少都要努力工作；上級若自以為是，下級便會唯唯諾諾，但有一些上級只是向他的上級交功課而已，敷衍了事，得過且過。

在這樣的環境之下，最重要的事情是不要出事，一切如常，就不會勾起上司的雷霆之怒。但一有差錯，上司為了向他的上司交代，就會抓住一個人做替罪羊。這種情況，俗話叫做「背黑鍋」。

不背黑鍋的方法其實很簡單。最易行的就是不冒險，不馬虎，事事有根據，白紙黑字，即使錯了也有充分的理由解釋。

此外，一件事的對錯，錯的大小，應否追究，如何處罰，都是上級決定。大事化小或小題大做，都在有些上級的一念之間。因此，在這種情況下，人緣好，特別是與上司的關係不錯，就會較少獲罪。

五、同事之間最好避免金錢來往

俗語說：「如果你想破壞友誼，只要借錢給對方就行了！」金錢借來借去一定會發生問題。「老王，向你借一千元錢，我正好有急用！」假如你像這樣連續三次找人借錢，就算你手頭真緊，別人恐怕也不敢借給你了。遇到大家一起分攤費用時也是一樣的，只要你連續三次說：「今天我沒帶錢！」人家就一定不會再相信你了。

常人有一個壞毛病，向人借來的錢很容易忘掉，借給別人的錢，經常記得牢牢的。因此，在此強調，有關錢的問題，你必須注意以下幾點：

⑴在社會上工作的人，必須在身邊多帶些錢。
⑵儘量避免借錢給別人。
⑶借出去的錢最好不要記住，借來的錢千萬不要忘記。
⑷假如身邊錢不方便時，不要參與分攤錢的事。
⑸養成計畫用錢的習慣。

六、愚直只會招來不虞之災

有一所著名的大學，曾經舉辦一個為期13週的經營理論講習班，主題就是「誠實與坦率的好處」。一年後，有人著手調查，發現當時參加講習班的人，有一半以上已經離開了原來的工作單位。經過一連串的追蹤採訪，才知道他們把講習中學來的管理法，應用到工作上，而遭到嚴重的矛盾衝突，不得不掛冠而去。

合理的坦率與正直，乍看之下是非常可愛的，但是，如果一再應用，卻會把友誼、婚姻、交易、事業等，慢慢地導向破滅之途。比如一個滿口講理論，個性坦率而愚直的人，多半不會受到周圍人的歡迎。這種人如果擔任公司的主管職務，等於將最脆弱而無防備的一面，暴露給一些想討好主管上級的下屬，為他們製造許多越級打小報告的機會，同時將自己的把柄落在工作上的競爭對手中。

每個人都有自我形象，且在心中以最高的誠意供奉著這個形象，不容別人加以毀損；更不歡迎那些心直口快的人，任意將實情點破，作毫不留情的批判。因此，自認坦率的人，不得不對這個問題多費一點心思去作深入的了解。

七、不談同事的隱私

「嘿！他真是守口如瓶！」如果一個人能被他人這樣認為的話，他一定是具有強大說服力的人。

常常有人借著喝酒來說上司的壞話，批評老闆的作風，謾罵公司的制度不健全……這些都可以說是公司裏常見的一種現象，而這些人也喜歡借喝醉酒來胡言亂語，甚至說大話。「……那個傢伙實在是太多嘴了，留不住一句話，可惡極了！」如果被其他同事這樣認定，同事之間的情誼就完了。

像一些極粗鄙的話，如果被心懷不軌的同事聽到，很可能會加油添醋地到處宣揚。因此，有關朋友的隱私和祕密，最好不說為佳。

八、不要在同事面前批評上司

有人在白天被上司沒道理地罵了一通之後，喜歡晚上約個同事小喝一杯，然後對著同事發牢騷。認為同事既然和自己喝酒了，應該就是站在自己這一方，借著酒氣，對上司大肆批評起來。這種事情一定要避免。

不論多麼值得信賴的同事，當工作與友情無法兼顧的時候，朋友也會變成敵人。在同事面前批評上司，無疑是自丟把柄給別人，有一天身受其害都不自知。就算這位同事和自己肝膽相照不會做出出賣自己的事情，但也得小心「隔牆有耳」！

所以，當你要向同事吐苦水時，不妨先探探對方的口氣，看其是否同意自己的看法。如此用心，是在社會上立足不可缺少的條件。

九、正確處理上司對同事的責備

當同事在全體同仁面前公開被責備時，他所受到的傷害，絕對比一對一挨罵要來得深。被罵的人也一定是怒火中燒，痛恨上司為什麼要在眾人面前給自己難堪，此時他的心靈也是最脆弱的。

這個時候，你如果冒失地給予同情或安慰的話語，結果又會如何呢？不但在眾人面前挨罵，又在眾人面前被安慰，那種羞辱的感覺一定更為深刻。

在這種情況下，說什麼話都不恰當，也許你認為是一片好心，但在對方看來是火上加油。因此，最好就是保持緘默。然後在工作結束後，把同事約出去吃頓飯什麼的，轉換一下他的心情，這樣做不但不會引起「遷怒」之憾，還可博得同事的信賴。

8．不妨找一個後臺

在今天如此風雲莫測的職員社會裏，有必要在公司外或公司內找一位必要時能支持你的人作後盾。什麼樣的人最適合當後臺老闆呢？

在公司外，如果你有一位具有廣泛社會影響的後臺老闆，那麼就不用怕別人招惹你了。希望你不要急著說沒有這樣的朋友，只要肯找，任何人都能找到一兩位。

至於公司內的後臺老闆其實很多，那就是一直在公司裏幹了幾十年的資深女職員，往往有使你意想不到的絕招，使上級也不得不讓她們三分。如果和這樣的女職員關係搞好了，當你有萬一有麻煩時，就算是搞到上級的上級那裏，她也會站在你一邊。

另外，如果你有辦公事戀情可千萬要小心，除了不能讓資深女職員知道，也不能太公開，否則會招來上司的嫉妒，而把你當做排擠的對象。

第五章

改變自己取得成功

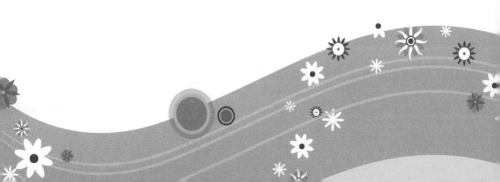

一個人的能力再強，也是有限的。要想成就一番事業，還必須借鑒別人的智慧、經驗、才能、資金為己所用。巧妙地運用一切有利因素，制訂合理的計畫並付諸行動，做事自然會遊刃有餘。

1．用交換的方法達到目的

一個人本事再大，也不能完成所有的工作，縱使渾身幹勁，又能打幾根釘呢？富於挑戰、思維跳躍、觀念超前的人當然明白這個道理，於是他們可擴充自己的大腦，延伸自己的手腳，借外力助自己成功。

馬克・吐溫小時候因為翹課，被媽媽罰著去刷圍牆，圍牆比他的個頭還高。他把刷子蘸上灰漿，刷了幾下。刷過的部分和沒刷的相比，就像一滴墨水掉在一個球場上。他灰心喪氣地坐下來。

他的一個夥伴桑迪，提著水桶跑過來。

「桑迪，你來給我刷牆，我去給你提水。」馬克・吐溫建議。桑迪有點動搖了。「還有呢，你要答應，我就把那隻腫了的腳趾頭給你看。」

桑迪經不住誘惑了，好奇地看著馬克・吐溫解開腳上包的布。可是，桑迪到底還是提著水桶拼命跑開了，因為他媽媽正在瞧著呢。

又一個夥伴羅伯特走來，還啃著一個大蘋果，引得馬克．吐溫直流口水。突然，他十分認真地刷起牆來，每刷一下都要打量一下效果，活像大畫家在修改作品似的。

「我要去游泳。」羅伯特說，「不過我知道你去不了。你得幹活，是吧？」

「什麼？你說這叫幹活？」馬克．吐溫叫起來，「要說這叫幹活，那它正合我的胃口，哪個小孩能天天刷牆玩呀？」他賣力地刷著，一舉一動都特別快樂。

羅伯特看得入了迷，連蘋果也不那麼有味道了，「嘿，讓我來刷刷呀。」

「我不能把活兒交給別人。」馬克．吐溫拒絕了。

「我把這蘋果給你！」

馬克．吐溫終於把刷子交給了羅伯特，坐到蔭涼裏吃起蘋果來。看著羅伯特為這得來不易的權利努力刷著。

於是，一個又一個男孩子從這裏經過，本來都高高興興地想去公園玩，但他們個個都想留下來試試刷牆。

馬克．吐溫為此收到了不少交換物：一隻獨眼的貓，一隻死老鼠，一顆石頭，還有四塊橘子皮。

馬克·吐溫後來成為名揚全球的幽默小說作家，上面的故事只不過是他智慧的縮影，它雖然顯得有點滑稽調皮，卻讓人看到了借助外力的神奇之處，只要借別人的力量做事，一切都是可以改變的。

戲劇大師蕭伯納說：「倘若你有一個蘋果，我也有一個蘋果，而我們彼此交換蘋果，那麼，你和我仍然只有一個蘋果。但是，倘若你有一種思想，我也有一種思想，而我們彼此交換思想，那麼，我們每個人將各有兩種思想。」

認真汲取別人的智慧，可以由一個腦袋變為幾個腦袋。在做關鍵的事情時，你一定要多徵求別人的意見，千萬不要自以為是，固執己見。如果那樣，你的腦子將逐漸僵化、閉塞，並失去活力，成功也將與你「絕緣」。

2·利用名人效應做事

「名人效應」是一種常見的社會現象，也是令人夢寐以求的無形資產。只要找到了「借」的創意，就獲得了打開「寶庫」的金鑰匙。

一九六四年，尼克森在大選中敗給了甘迺迪，百事可樂公司認準尼克森的外交能力，以年薪10萬美元的高薪聘請尼克森為百事可樂公司的顧問和律師。尼克森接受了，利用他當副總統的舊關係，周遊列國，積極兜售百事可樂，使百事可樂在世界上的銷售額直線上長，尤其是他還幫助百事可樂進入了中國及臺灣的市場。

美國一個出版商有一批滯銷書久久不能脫手，他忽然想出了一個主意：給總統送去一本書，並三番五次地徵求意見。忙於政務的總統不願與他多糾纏，便回了一句：「這本書不錯。」出版商便借總統之名大做廣告：「現有總統喜愛的書出售。」於是，這些書一搶而空。

不久，這個出版商又有書賣不出去，又送一本給總統，總統上過一回當，想奚落他，就說：「這書糟透了。」出版商聞之，腦子一轉，又做廣告：「現有總統討厭的書出售了。」不少人出於好奇爭相搶購，書又售盡。

第三次，出版商將書送給總統，總統接受了前兩次的教訓，便不做任何答覆，出版商卻也大做廣告：「現有令總統難以下結論的書，欲購從速。」居然又被一搶而空，總統哭笑不得，商人卻借總統之名大發其財。

3．借助別人的權威做事

當代社會科學技術迅速發展，科學知識極大分化，個人已不可能獨立地通曉一切知識領域，而人們的求知欲又十分強烈。這就必然形成對各領域專家、權威的崇拜心理。這些權威人物的發言自然比一般人有力得多，也更容易使人信服。

一個在市中心經營一家歷史悠久的西服店的裁縫師。他的經營很有特色，一些有名望的人，如電影明星或運動員，都到他那裏去定做西服。當然，他做的西裝價錢都非常昂貴，但是，來光顧的客戶並不在意價錢的多少。

有趣的是，這個經營者自己所穿的西裝卻是從百貨公司拍賣時購買的。一些不認識他的人第一次與他見面時，總認為他的穿著是最好的，對他誇獎道：「真不愧是好手藝，你穿的衣服的確和大家不同。」他在被誇獎時，一定會糾正對方：「不！我這衣服是從地攤上買的。」那些恭維他的人，聽了他這番話，反而感覺他十分謙虛。

另一個有名的建築師，也說過同樣的話。這位建築師在市郊買了一棟住宅。到他家拜訪的客人都說：「哇，好漂亮，真不愧是一流建築師所蓋出來的房子。」這個建築商與前面那個西服店的老闆不同之處是，他會任由客人誇獎，然後再回答：「不，這只是一棟西典式的舊房子，並不是我設計的。」可是來拜訪的客人怎麼相信呢？他們仍偷偷地欣賞著。

這兩個故事說明了平常人的心理，也就是說平常人經常附和比自己優秀的人，或是權威者的意見和判斷，特別是在不太認識的人或不懂的事物前，自己無法判斷並下評語時，這種傾向尤其明顯，這就是心理學上所說的「權威效應」。

如果要讓一個完全沒有主張，也沒有判斷力的人來附和你的意見，可以巧妙地運用「權威效應」法。也就是說，當一個人的心理像一張白紙時，向他提及「偉大的人物或名人的意見來判斷」，原本白紙狀態的他就會倒向你這邊了。

根據各種心理學實驗，可以確定利用名人的權威是很有效用的。有一個心理學家做了一個實驗，他讓被實驗的人聽兩種音樂帶，一種知名度不高，另一種屢獲評論家的推薦，聽完之後，要被實驗者說出哪種音樂帶較好。

結果發現，被實驗者紛紛指出「兩者比較起來，前者似乎毫無價值。」很顯然，這些被實驗的人受到了很有名氣音樂評論家意見的影響，而所謂的「名氣」往往都隱藏著某種陷阱。所以，實驗結果是，大多數被實驗者的意見都與評論家的意見相同。

利用名人權威效應，說服者應努力提高自己的權威性，這就需要你在專業性和可信性上下工夫。既要提高知識水準，又要誠懇待人，這樣才能樹立威信，產生真正的「權威效應」。

4．仰仗能人的才智做事

漢高祖劉邦是一個借別人才能的高手。一次，在他平定天下大宴群臣時，問在場的文武百官：「各位知道項羽是有膽識，懂戰略戰術，又英勇善戰的將軍，我自愧不如。可我能打敗他而得天下，這是為什麼呢？」

高起和王陵大聲回答道：「陛下能在勝利後，與全體將士共同分享果實，而項羽卻嫉妒立功的將領。他不喜歡有頭腦、有能力的人，打了勝仗也不封賞，得了土地也不肯賜予部下，人心向背，這是項羽不抵陛下之處。陛下得人心故而勝利，項羽失人心故而失敗。」

劉邦卻笑著說：「你二位只知其一，不知其二。論運籌帷幄，決勝於千里之外，我不如張良；論治國、治民、策劃軍需供給，蕭何有萬全之才，我自知不如他；論統率百萬大軍，攻無不取，戰無不勝是韓信的專才，我甘拜下風。但我能善任這三傑，讓其各自發揮才能，這是我取天下之道。而項羽不懂用人，又不能容人，部下又缺少有才之士，連唯一的賢臣范增都事事猜忌，處處防備而棄之不用，這正是他失敗的原因。」

一席話道出了自己的心得，劉邦真可謂賢明多智。無獨有偶，三、四百年後，又出一位劉備，他能因地而宜，因人而異，善用部下的長處，借別人的智慧而獲得勝利。比如：他得張松西蜀祕圖後，欲圖之為立國之本。他與孔明商量後決定兵分兩處，一處取西蜀，派龐統為軍師，黃忠、魏延為將軍、法正，因孟達熟知西蜀內情故用之為內應，文臣武將各勝其職，滴水不漏；另一處守荊州，此乃戰略要地，不能疏忽，留孔明總管荊州事務，又派熟悉荊州地利、人情、軍情的大將關羽、張飛聽從孔明指揮。留守也文武齊備，各司其職。

這樣劉備就可在確保大本營不失的情況下，揮師取蜀。勝了可盡占兩地之利，東拒東吳，北抗曹魏；敗了退守有據。這種用兵方法，體現出劉備精湛的辦事才能。

5．融資也需本領

自己口袋裏的錢永遠不可能多，要辦成什麼大事，只能依靠別人口袋裏的錢，利用別人口袋裏的錢將事情辦成才是真成功。這是世界報業大王默多克的成功技巧。

默多克工作起來就像發瘋一樣，寫文章，定標題，設計版面，樣樣都親自插手。他不管董事會其他成員或有關編輯的反對，堅持以自己的方式幹下去。幾年之內，他將《星期日郵報》同最大的競爭對手《廣告報》合併，並且使《新聞報》獲得了極大的成功。一日，默多克聽說珀斯市的《星期日時報》經營不善，瀕臨倒閉，便決定兼併它。結果，默多克籌措了40萬美元兼併了這家報紙。

默多克的一位朋友感慨地說：「他總是能夠利用別人口袋裏的錢把事辦成。」

靠一分錢一分錢積攢，不僅時間漫長，而且也很容易錯過機遇，所以，在進行艱苦的原始資本積累的同時，還應當善於借用別人的錢來為自己賺錢。現代有許多赤手空拳闖天下而成功的大老闆，日本角榮建設公司董事長角榮便是其中之一。

在發跡之前，角榮長期專心經營「沒有資金賺大錢」的生意，費了好長一段時間才想出一套「預約銷售」的方法。這個辦法是，譬如有人要賣某處山坡的地上物時，他就前去找買主，一找到，他就跟買主接洽。他說：「那座山上的木料價值有一百萬元以上，主人現在有意以80萬脫手，請你們買下來，兩個月內保證賺一成。超出一成利潤時，超出部分由我所得。如果賺不到一成時，我可以賠你一成的利潤。」角榮又讓有錢的朋友給他做連帶保證。如果買方把它買下來，買好之後，角榮就代買主銷售，如此他往往以買價兩倍左右的價格脫手。

對買主來說，兩個月就有一成的利潤，而一成利潤比一年的銀行利息要多得多，而且有保證，安全可靠，因此找到買主並不困難。

這項預約促銷的方法，雖然需要有一點社會信用才能辦得到，但如果你有信用，有人替你保證，你只要有誠意和勤於跑腿，這項事業就可以日益壯大。在百業都需要大本錢經營的今天，角榮做這項不要資本的生意確有一套，並且頗有所獲。他本來一無所有，經過10年的努力，就是靠著這種高超的「借術」，賺取了10億日元。

6．憑依有才能的人打天下

清初皇太極打算留下明將洪承疇為己效力，便派范文程去勸洪投降。洪承疇聽了跺腳大罵，范文程心平氣和地與他交談，內容涉及古今之事。房樑上的塵土偶然落下，沾到洪承疇的衣服，他用手撣出灰塵。范文程回去將此情告訴皇太極，他說：「洪承疇肯定不會求死，連衣服沾了一點灰都那麼珍惜，更何況他的性命？」

皇太極親自去看望洪承疇，解下自己身穿的貂皮大衣給洪承疇穿上說：「先生是否覺得不那麼冷了？」

洪承疇瞠目而視許久，歎息道：「這真是老天選定的明主啊！」於是，叩頭請求接受他投降。

對此，皇太極異常高興，不僅當天的賞賜不計其數，還設置了酒宴，擺上了戲臺。將領們有的對此很不高興，說：「皇上待洪承疇太好了！」

皇太極勸他們說：「我們這些人櫛風沐雨幾十年，是為了什麼？」

將領們答道：「那誰不知，是為了入主中原！」

皇太極聽後笑道：「這就譬如行路，我們都是盲人，如今好不容易得到一個嚮導，我怎能不高興？」

此論足見皇太極辦事的技巧。范文程是漢族的大學者，是一位極有見識之人，洪承疇更是明朝的大官，總督薊遼軍略，學識也有過人之處。

這兩人為清軍入關，尤其在制定統治方略方面，起到了重大的作用。

可以說，清朝政府正是借了像范文程這樣的一大批漢族知識份子幫助制定策略，從而立足中原的。

7．借鑒別人的經驗做事

「他山之石，可以攻玉。」做事時借鑒別人的經驗是十分必要的。

唐太宗是最出色的借鑒大師。某年，宰相房玄齡上奏：「剛才我檢點兵器庫，發現庫存少於隋代，請陛下降旨，儘快補充。」

太宗聽後答：「要抗外敵，兵器庫必須充實。然而今天的當務之急是用心於國內發展，改善人民生活，國家需休養生息，隋煬帝之所以滅亡，不在於他兵不精，將不廣，而是因為他捨仁義，招民怨所致。我們不能重蹈覆轍呀！」

太宗曾對左右說：「所謂長生不老之術，乃神仙鬼怪之流的謊言，人間根本不存在。秦始皇在位時，雖廣求神仙之藥，卻讓方士代為嘗之；漢武帝亦惑於仙術，故意將女兒嫁給方士，但得知是騙局而殺方士，並連累很多人，我們一定要從中吸取教訓。」他常說：「以古為鏡可以知興衰，以人為鏡可以知得失。」

可見太宗確是一個懂得以前人失敗為鑒，反省自己的成功者。

失敗乃成功之母——做事要想成功，就不要怕失敗；要善於從他人的失敗中吸取教訓，吃一塹，長一智，為下次拼搏做好準備。

8．以獨到的眼光發現商機

會做事的人不會生硬地去模仿別人，但會敏銳地發掘出他人思想中的亮點，並為己所用。換句話說，會做事的人善於借用外腦，「趨炎附勢」。

這裏所謂的「趨炎附勢」可不是說卑躬屈膝地服從權勢，而是整合各種資訊和智慧，讓它們「附」在你的奇謀妙計之中。絕妙的思考不會是空穴來風，一定是眾多知識、觀念的整合、提煉，他人的智慧可能就是激起你靈感火花的那一撞。

借用外腦，借者需要具有獨到的眼光和敏捷的行動。

今天大街上流行的牛仔褲的產生，得自於140多年前淘金者的借用外力之舉。

當年美國的淘金熱將許多有發財夢的人們吸引到了西部。一八五〇年，李維‧施特勞斯還是一名商販，隨淘金者來到西部經營帳篷等淘金者需要的商品。一天，一個淘金者抱怨說，他們最需要的是結實的褲子而不是別的東西。李維靈機一動，請裁縫用做帳篷的帆布縫製了一批褲子，由於其結實耐穿受到了礦工們的青睞，滯銷的帳篷變成了暢銷的褲子。三年後，他集資成立了「李維斯」（Levis）牛仔褲公司，並依據礦工的勞動特點不斷改變褲子面料和樣式，最終形成了特有的風格。一百多年後的今天，「李維斯」牛仔褲公司已躋身於世界大公司的行列。

施特勞斯的發跡主要得益於對資訊的敏捷反應，當別人還只是停留在資訊表面時，他已經窺測到了其背後的無限機會。

做事時，幾乎每個人都會遇到難題，特別是年輕人，充滿熱情，卻又缺乏經驗，那麼可以從別人的經驗中尋找靈感。

奧地利醫生奧恩布魯格的父親是個酒商，每次他只需用手敲敲酒桶，就能知道酒桶內有多少酒。奧恩布魯格想，人的胸腔和酒桶相似，如果用手敲擊，不是也可以診斷出裏面是否有毛病嗎？經過反覆實驗，他發明了「叩診」，這在醫療設備落後的一百多年前應是一項創舉。

敏銳的眼光不僅是要發現別人看不到的，還要學會從不同的領域進行知識「遷移」。假如奧恩布魯格沒有聯想到胸腔與酒桶的相似之處，也就沒有醫學上「叩診」的誕生了。

9．本事再大的人也要有人照應

一個人的本事再大，也是十分有限的。要想成就一番事業，還必須獲得大家的支持和幫助。「紅花雖好，也要綠葉扶」的俗語，就形象地指出了只有依靠眾人的力量，才能辦成大事的道理。

與這個俗語意思差不多的格言並不少，比如「眾人拾柴火焰高」、「獨木不成林，單人不成眾」等，話語雖然淺顯，道理卻很深刻。如果像武大郎開店——高的一個都不要，或者像梁山泊的白衣秀才王倫那樣嫉妒賢能，生怕有本事的人奪自己的位子，最後只能成為孤家寡人，難成大事。

一個小女孩在她的玩具沙箱裏玩耍，沙箱裏有她的玩具小汽車、敞篷貨車、塑膠水桶和塑膠鏟子。

當小女孩在鬆軟的沙堆上修築「公路」和「隧道」的時候，她在沙箱的中間發現了一塊巨大的石頭，阻擋了她的「工程」建設。於是，小女孩開始挖掘石頭周圍的沙子，企圖把石頭從沙子中弄出去。雖然石頭並不算大，可是對於小孩來說已經相當大了。小女孩手腳並用，費了很大的力氣，終於把大石頭挪到了沙箱的邊緣。不過，她發現自己根本沒有力氣把大石頭搬出沙箱。

但是，小女孩下決心要把大石頭搬出去，於是她用手推，用肩拱，左搖右晃大石頭，一次一次地努力。可是，每當剛剛有一點兒進展時，大石頭就又滾回原處。最後一次努力時，大石頭滾回來砸傷了小女孩的手指頭。

女孩終於忍不住了，大哭起來，其實，這件事的整個過程都被小女孩的媽媽透過起居室的窗戶看得一清二楚。就在小女孩哭泣時，媽媽忽然出現在她的面前，溫和地對她說：「丫丫，你為什麼不用盡你所擁有的全部力量呢？」

小女孩十分委屈地說：「但是，我已經用盡我的全部力量了。」

「不對，你並沒有用盡你所擁有的全部力量，你並沒有請求我的幫助啊！」說完，媽媽彎下腰，抱起那塊石頭，把它搬出了沙箱。

這是一個有參考價值的故事，當聰明人感到自己再也堅持不下去的時候，不會一味蠻幹或輕易放棄。他們會轉變一下思路，嘗試其他的方法，或者向別人求助。

《紅頂商人胡雪巖》一書裏面有個外號叫「小和尚」的人說過這麼一席話：「越是本事大的人，越要人照應。皇帝要太監，老爺要跟班，只有叫花子不要人照應。這個比方不大恰當，不過做生意一定要夥計。胡先生的市面你是知道的，他將來的市面要撐得奇大無比，沒有人照應，赤手空拳，天大的本事也無用。」這番話說出了一個人之所以能夠獲得成功的最深刻的原因，即要有人幫忙，要有人照應。

一個人要立身於社會，少不了要靠自己的才識和能力。才識，就是蒐集資訊、正確決策的能力，就是能見人所未見、準確判斷的能力，就是巧妙運用一切有利因素、制訂出合理計畫並付諸行動的能力。沒有這些，再好的條件也是枉然。但當這些自身條件已經具備之後，外界的所謂靠山、人緣，也就是能給自己帶來成功的幫手，就顯得尤其重要了。沒有人幫助和照應，就是天大的本事也枉然。

10．借腦思考扭轉局勢

《紅樓夢》一書中的薛寶釵填過一首《柳絮詞》，其中一句是「好風憑藉力，送我上青雲。」她一反大貶柳絮飄浮無根、無所附依的寫法，而是用肯定的態度對其做了讚美。這正如有人不僅看到了辛勤耕耘的黃牛，也看到了黃牛背後不斷抽動著的鞭子，這正是見識的獨到之處。

從薛寶釵的才識可窺其思考技巧，從中也可得到一個啟示：一個人在事業上要想獲得成功，除了靠自己的努力奮鬥之外，有時還需要借助他人的力量，才能平步青雲或扶搖直上。雞毛難以飛上青天，但是如果它能附著到航空火箭上面，借助燃料的巨大力量，那麼它完全可以輕輕巧巧地遨遊太空了。這便是借力的妙用。

戰國時，魏國的信陵君為人忠厚、講仁義。他的門客曾達到三千多人。其中有一位門客叫侯生，本是屠戶出身，其才平平，其貌庸庸，受到其他門客及家人的嘲弄與鄙視。而信陵君以士之禮待之，一視同仁，毫無嫌棄和厭惡之感。相反，還能尊重他的意見，成全他的要求。

西元前二四八年，秦國圍攻趙國都城邯鄲，趙王數次遣使向魏求救。魏王怕引火焚身而不敢發兵，但是在各國一片合縱抗秦的呼聲之下，又不能對鄰居見死不救。他只好派大將晉鄙率領十萬人象徵性地救援，雖大造聲勢，實則駐軍於鄴下，停滯不前。

信陵君多次請求魏王催促晉鄙進兵，魏王不聽。他一怒之下，帶領自己的一千多門客準備與秦軍決一死戰。臨別找侯生，侯生卻一反常態，對信陵君赴湯蹈火無動於衷。一怒之下，信陵君就自己行動了，行出數里，可是越想越不對勁，於是就回頭問個明白。

原來侯生使的是欲揚先抑之計，他故作冷淡，使信陵君詫異，然後再提出自己的意見。侯生指出這樣行動無異於以卵擊石，與其鋌而走險，不如偷來兵符，操縱軍隊。最後在好友朱亥的幫助下，終於盜得了兵符，操縱軍權。

信陵君手握兵符傳令全軍：「父子俱在軍中者，父歸；兄弟俱在軍中者，兄歸；獨子無兄弟者，回家贍養父母；有疾病者，留下治療。」

這一成人之美的命令深得人心，除去按命令留下的人外，剩下八萬精兵及千餘門客，個個鬥志昂揚，最後大敗秦軍。

信陵君的成功並非偶然，他的仁義使他在遇到困難時，很多人願意幫助他，甚至為他拼死賣命。其中的道理，就是借腦思考。光靠單槍匹馬闖天下，在現代社會難有作為。借力時，要遵循以下步驟。

一、與有影響力的人做朋友

應該隨時留心周圍人的品格、能力及其影響力，要用真心去交朋友。為了贏得他人的真誠相助，你必須先付出某些東西，如真心或物質，人心都是肉長的，你天長日久的付出總會有所回報。

二、謀求別人的幫助

別人能否幫你的忙，還看你平時表現如何。所以要求你與人交往時，目光放遠些，不因小利而不為，亦不因利大而為之。如果你與對你有所幫助的朋友發生了不愉快，你應首先諒解他。平時的基礎打好了，到關鍵時刻自然就「得來全不費工夫」。你待人好，人家對你自然有真心，關鍵時刻幫助你一把也在情理之中了。

11．借鑒三十六計

古人用兵留下了36條計謀智典，如瞞天過海、圍魏救趙、借刀殺人、以逸待勞、趁火打劫、聲東擊西、增兵減灶、暗渡陳倉、隔岸觀火、笑裏藏刀、李代桃僵、順手牽羊、十面埋伏、借屍還魂、調虎離山、欲擒故縱、拋磚引玉、擒賊擒王、釜底抽薪、渾水摸魚等。

做事是一種技巧，離不開謀略，因此也有36計之說，如以退為進、以屈為伸、以假亂真、以攻為守、借題發揮、以靜制動、人盡其才、以愚應智、欲取先與、以智為本、有剛有柔、以逸待勞等。

這些計謀需要我們在實踐中因人而用，因時而用，因事而用。

【第一計】以退為進：讓對方心生驚奇

曾經有一位留美電腦博士學成後，在美國找工作。這個博士每天進這個公司，出那個集團。在他看來，博士生就業標準自然要高。誰知，他四處碰壁，被各家公司拒之門外。想來想去，他決定收起各種學位證書，以一種最低的身分去求職。

很快地，他被一家公司聘為程式錄入的工作。這件工作對他來說，堪稱小菜一碟，但他吸取前幾次找工作的教訓，不敢馬虎。不久，公司經理就發現他能找出並糾正程式中的錯誤，不是普通的程式師所能比的。

這時，博士生亮出了自己的學士證，老闆給他換了個和大學生相稱的工作。過了一段時間，經理發現他能經常提出一些有價值的建議，比普通的大學生要強得多，這時，他亮出了碩士證書，老闆見後又提升了他。

最後，老闆覺得他還是和別人不同，就和他談了一次，此時，博士生終於拿出了自己的博士證書。於是，老闆對他的實際水準有了全面的認識，毫不猶豫地重用了他。

這位博士生找工作的經歷表明，做事時如果直接進取就容易失敗。後退一步曲線再進，卻能如願以償。以退為進，由低到高，這是自我表現的一種藝術，也是辦事的一種方略。

【第二計】以屈為伸：讓對方主動提供幫助

西元六一六年，李淵被詔封為太原留守，北邊的突厥竟用數萬兵馬多次衝擊太原城池，李淵遣部將王康達率千餘人出戰，王康達因用兵不當，幾乎全軍覆滅。後來巧使疑兵之計，才勉強嚇跑了突厥兵。

更可惡的是，在突厥的支持和庇護下，郭子和、薛舉等紛紛起兵鬧事，李淵防不勝防，隨時都有被隋煬帝藉口失責而殺頭的危險。人們都以為李淵懷著刻骨仇恨，會與突厥決一死戰。不料李淵竟派遣謀士劉文靜為特使，向突厥屈節稱臣，並願把金銀珠寶統統送給始畢可汗……

李淵為什麼這麼做呢？

其一，他有自己的盤算。原來李淵根據天下大勢，已斷然決定起兵反隋。要起兵成大氣候，太原雖是一個軍事重鎮，但卻不是理想的發家基地，必須西入關中，方能號令天下。西入關中，太原又是李唐大軍萬萬不可丟失的根據地。那麼用什麼辦法才能保住太原，順利西進呢？當時李淵手下的兵將不過三、四萬人馬，即使全部屯駐太原，應付突厥的隨時出沒，同時又要追剿有突厥撐腰的四周盜寇，已是捉襟見肘。而現在要進伐關中，顯然不能留下重兵把守。唯一的辦法是採取和親政策，讓突厥「坐受寶貨」。所以李淵不惜俯首稱臣，唯利是圖的始畢可汗果然與李淵修好。後來，李淵派李世民出馬，不費多大力氣便收復了太原。

其二，由於李淵甘於屈服，還得到了突厥的大力資助。始畢可汗一路上送給李淵不少馬匹及士兵，李淵又乘機購來許多馬匹，這不僅為李淵擁有一支戰鬥力極強的騎兵奠定了基礎，而且因為漢人素懼突厥兵英勇善戰，李淵軍中有了突厥騎兵，自然憑空增加了聲勢。

李淵屈服的行為，雖為不少人所不齒，但在當時的情況下，不失為一種明智的策略，它使弱小的李家軍既平安地保住了後方根據地，又順利地西行打進了關中。如果再把眼光放遠一點看，突厥在後來又不得不向唐求和稱臣，突厥可汗還在李淵的使喚下順從地翩翩起舞哩！

由此看來，暫時的屈服，往往是贏取對手的資助，最後不斷走向強盛，伸展勢力再反過來使對手屈服的一條有用的妙計。

【第三計】以假亂真：讓對方充滿興趣感

英國前王妃戴安娜的容貌和儀態楚楚動人，使絕大多數英國人為之仰慕傾倒。一九八一年，戴安娜與查理斯王子舉行婚禮，更成為英國和世界的新聞。這時倫敦有家瀕臨倒閉的珠寶店老闆，認為抓住公眾對盛典的專注心理，導演一齣絕妙的廣告劇，必定能擺脫危機，大發其財。

珠寶店的老闆找到了酷似戴安娜的模特兒，對她從服飾、髮型到神態、氣質做了煞費苦心的模仿訓練。一天晚上，這家珠寶店燈火輝煌，老闆衣冠一新、神采奕奕地站在門口，像是在恭候要人光臨。此舉頓時吸引了過路行人，他們駐足觀望。

不一會兒，加長型禮車緩緩停在門口，模特兒從容地從車上走下，嫣然一笑，向聚攏來的行人點頭致意。眾人以為是戴安娜王妃來了，蜂擁而至，想一睹王妃的風采。有的青少年還為吻了戴安娜的手而得意非凡。事先接到珠寶商暗示的電視臺記者，急忙打開錄影機。員警怕影響「王妃」的活動急忙來維持秩序。

老闆此時笑容可掬地感謝「王妃」的到來，彬彬有禮地接待她的參觀，店員相繼介紹項鏈、耳珠、鑽石等貴重首飾。「戴安娜」面露驚色，讚不絕口地挑選了幾件。第二天，電視臺播放了這段以假亂真的新聞錄影，因受老闆的關照，被蒙在鼓裏的記者把它拍成「默片」自始至終沒有一句解說詞，螢幕上只是出現熱烈非常的場面和珠寶店的地址。

這條新聞頓時震動了倫敦城，人們紛紛傳播這條新聞，青年人、戴安娜迷更是愛屋及烏，絡繹不絕地跑來搶購「戴安娜王妃」所稱讚的各種首飾。原來冷清的珠寶店一下子變得門庭若市，生意興隆。

【第四計】以攻為守：巧妙化解雙方的糾紛

一位印度商人帶著三幅名家畫作到美國出售。有位美國畫商看中了這三幅畫，印度商人開價250美元，少一美元也不賣。這個美國商人也不是市場上的平庸之輩，他一美元也不想多出，便和印度商人討價還價起來，一時間談判陷入僵局。不一會兒，只見印度商人怒氣沖沖地拿起一幅畫往外走，二話不說就點火把畫燒掉。美國畫商看著一幅畫被燒非常心痛，他小心翼翼地問印度商人剩下的2幅畫賣多少錢，想不到印度商人這回要價口氣更是強硬，聲明少於250美元不賣。

少了一幅畫，還要250美元，美國商人覺得太委屈，便要求降低價錢。但印度商人不理會這一套，又拿起一幅畫點火燒掉。這一回，美國畫商大驚失色，只好乞求印度商人不要把最後一幅畫燒掉，因為自己實在太愛這幅畫了。

接著，他又問這最後一幅多少錢，想不到印度商人張口竟要500美元。美國畫商急了，他強忍著怒氣問：「一幅畫怎麼能超過三幅的價錢呢？你這不是搶錢嗎？」

印度商人回答：「這三幅畫皆出自名畫家之手，本來有三幅時，相對來說價格還可以低點兒，如今，只剩下一幅了，這回可說是絕世之寶，它的價值已大大超過了三幅畫都在的時候。因此，如果你真想要買這幅畫，最低得出價500美元。」

美國畫商一臉苦相，最後只好以這個價錢買下了那幅畫。

【第五計】以變應變：贏得別人的掌聲和歡呼

在美國南北戰爭之後的一次競選中，內戰時期的一位戰士約翰・愛倫跟內戰中的英雄陶克將軍競選國會議員。從地位和功勳來說，愛倫顯然處於劣勢。然而，經過一次競選演講，愛倫卻取得了勝利。讓我們來看看他們是如何展開辯論的！

功勳卓著、曾任過三次國會議員的陶克將軍在競選演講時說：「同胞們，記得就在17年前的昨天晚上，我曾帶兵在茶座山與敵人激戰。經過激烈的戰爭後，我在山上的叢林裏睡了一個晚上。如果大家沒有忘記那次艱苦卓絕的戰鬥，請在選舉中，也不要忘記那吃盡苦頭、風餐露宿而屢建戰功的人。」陶克將軍列舉自己的戰績，目的就是希望選民對他給以充分的信任。果然激起了選民們的一陣掌聲。

接著是約翰·愛倫演講，他說：「同胞們，陶克將軍說得不錯，他確實在那次戰爭中立了奇功。我當時是他手下的一個無名小卒，替他出生入死，衝鋒陷陣，這還不算，當他在叢林中安睡時，我還帶著武器，站在荒野上，飽嘗著寒風冷露的味兒來保護他。」他的話音一落，立即引起了選民們更加熱烈的掌聲。

約翰·愛倫的演講藝術，不能不說是以變應變的技巧。

【第六計】以靜制動：讓對方放下包袱

下面是有關美國大富豪霍華·休斯的故事。

有一次，休斯想從一家飛機公司購進30型飛機，還很想購進11型飛機。最初，休斯單獨去談判交涉，可是只說了幾句話，就顯露出一種沒有耐心和暴躁的神態，到最後竟拂袖而去了。

後來，休斯派了一個代理人去交涉，並交代代理人說：「你只要幫助我買進11型飛機就行了。」然而這個代理人去跟對方交涉了沒多久，就以巧妙的方式，有利的條件購進了11型飛機和30型飛機。

原來，這個代理人一到飛機公司，就對對方負責人說：「你是要我和你好好談呢？還是要和上次與休斯一樣不了了之？」

對方一聽他這麼說，就立刻回答道：「我知道，我知道，就照你的意思去做好了。」也就是說，代理人以「再次發生上次休斯的爭論」為底牌，刻意強調願意與他合作，就不會再發生休斯那樣的不愉快，而失去做這筆生意的機遇。

如果對方比較感情用事，或情緒用事，或情緒反應比較激烈的時候，可以用具體的數字來加以表示。

【第七計】人盡其才：再難的事也能辦成

孔子周遊列國時，馬跑脫吃了莊稼，莊稼的主人很生氣，扣留了馬。

孔子弟子子貢能言善辯，主動前去說情，可是他費盡口舌，農夫仍不放馬。孔子說：「你拿人家聽不懂的大道理去說服人，就好像是用馬牛羊三牲去祭奠野獸，用悅耳的音樂去娛樂飛鳥，怎能行得通呢？」孔子派馬夫去對農夫說：「你不在東海種地，我不往西海旅行，我的馬哪能一點也不碰你的莊稼呢？」農夫便接上了茬，兩人談得很高興，也放了馬。子貢「對牛彈琴」，結果事與願違。孔子聖明，人盡其才，使馬夫辦成了子貢完不成之事。

【第八計】以愚應智：讓對方心服口服

南唐三徐皆以知識淵博在江東頗有名氣，其中尤以徐鉉知名度最高。南唐派徐鉉到宋朝談判朝貢之事，宋朝派差官做陪同。當朝大臣都擔心差官辭令不及徐鉉，十分為難。宋太祖見狀，思考片刻便傳旨：「命將殿侍當中不識字者錄名十人，進呈。」下面照辦，持名冊於太祖，太祖大筆一揮道：「此人便可。」文武大臣都愕然，但見太祖主意已定，不敢再諫。

殿侍接旨，不知為什麼，只好硬著頭皮去南唐迎使。開始徐鉉口若懸河，旁觀者驚訝不已，殿侍無法應對，只好哼哈答應。

徐鉉不知宋朝「葫蘆裏賣的是什麼藥」，還是侃侃而談，試圖從差官口中得到點什麼。可是幾天過去了，差官只是「守口如瓶」，徐鉉無奈，只好無言。

太祖將《孫子兵法》中「不戰而屈人之兵」的戰略，用之於政治，可見太祖的大智大勇。

【第九計】深謀遠慮：從長遠看問題

清世祖康熙皇帝玄燁登基時年僅8歲。別看他如此年幼，卻不乏雄心大志。他希望自己執政時天下大治，百姓樂業，共用太平之福。然而康熙實現自己的政治理想並非一帆風順，阻礙他的攔路虎就是鼇拜。

由於康熙登基年齡尚幼，即由顧命大臣鼇拜主持國政，致使鼇拜權傾一時。懾於他的淫威，朝中大臣都是敢怒不敢言。為了達到篡位的目的，鼇拜私設一計，假裝身體有恙不能上朝，要玄燁親自去看望他。

玄燁只好前往其府第探疾。進入鼇拜的臥室後，御前侍衛發覺鼇拜神色有異，急忙衝到鼇拜的榻前，揭開席子，裏面有明晃晃的利刃一把。

玄燁是何等聰明智變之人，只見他不動聲色地笑了笑說：「刀不離身，是滿族的習慣，沒有什麼值得大驚小怪的。」說畢，馬上返駕回宮。

回到宮中，玄燁即著手策劃除去鼇拜的事宜。為此，他從眾小內監中，選擇了部分身體強壯者玩「布庫」遊戲。這是一種相撲角力的運動。鼇拜每每進入宮內奏請政事，玄燁也從不避開他，繼續帶領小內監玩「布庫」。

這更給鼇拜造成了錯覺：「康熙是軟弱可欺的，是不諳世務的，我要怎樣就怎樣，誰也拿我沒辦法。」這樣一想，鼇拜心裏更加我行我素。

有一天，鼇拜又大搖大擺地進入內宮。只見康熙一聲令下，數十個小內監一擁而上，將平常玩「布庫」的招數全用上，把鼇拜放倒在地，捆了個結結實實。此時，鼇拜才明白了康熙的用心。

這種欲擒故縱的手法，是鼇拜萬萬沒有料到的。這就是康熙的聰明之處。因為康熙深知：假如在外廷捉拿重權在握的鼇拜，恐怕難免要激起事端，弄不好還要偷雞不成反蝕把米。而在宮內悄悄解決的方法，是萬無一失之舉。就這樣，康熙略施小計，就誅殺了鼇拜，親自執掌朝綱。

【第十計】欲取先予：讓對方知恩圖報

對待任何事物，想要收縮它，必先使其擴張；想要削弱它，必先使其堅強；想要廢棄它，必先扶持它；想要奪取它，必先給予它。欲取先予，這種做法表面上看來不划算，其實是一種高明的辦事策略。

它的遊戲規則是：先給予對方一些恩惠，讓他嘗到甜頭正高興時，你乘機提出「欲取」的目標，這樣定能心想事成。因為這個時候，對方心情好，又在「受人滴水之恩，定當湧泉相報」的心理驅動下，會滿足各種要求。

清朝有位富商新蓋了一處庭院，豪華富麗，美中不足的是缺少文化氣息。有人建議富商在牆上掛上幾幅鄭板橋的字畫襯托一些高雅氣質，商人一聽，覺得很有道理，於是就去求見鄭板橋，卻幾次被擋在門外。

商人發誓要尋到鄭板橋的幾幅字畫。他安排手下四處打探鄭板橋的生活習慣和各種愛好。不久，手下打聽到鄭板橋有愛吃狗肉的習慣，商人決定從這件事上入手，讓鄭板橋替自己辦成這件事。

這天，鄭板橋出來散步，忽然聽見遠處傳來陣陣琴聲，循聲而去，發現琴聲出自一座庭院。鄭板橋推開虛掩的大門，發現一位老者在奇石林立的庭院裏正撫琴而鳴。他頓時像遇到了知音，走進院裏。

老者看見他，熱情讓他入座，兩人談詩論琴，頗為投緣。少頃，只見兩個僕人捧著一壺酒、一大盆爛熟的狗肉，送到他們面前。一見自己最愛吃的狗肉，鄭板橋就毫不客氣地大吃起來。吃完後，鄭板橋對老者說：「今天能與您老萍水相逢，實在是三生有幸。為了感謝您的熱情款待，我畫幾幅畫，聊表心意。」

老者聞言，立即轉身找來紙筆。鄭板橋畫完，又問老者的名字，老者報了一個，鄭板橋覺得耳熟，可又想不起來是誰，最後還是在落款處題上「敬請雅正」。看著老者滿意地笑了，鄭板橋這才起身告辭。

第二天，鄭板橋親筆畫的幾幅字畫就被商人掛在了自家的客廳裏。前來欣賞的賓客們原以為他是從別處高價購買來的，但一看到字畫上都有他的大名，這才相信是鄭板橋先生特意為他畫的。大家都佩服富商做事的手段向明。

【第十一計】釜底抽薪：讓對方沒有退路

美國第六任總統亞當斯從不願輕易表露自己的觀點，這使報社的記者很失望。有位叫安妮・羅亞爾的女記者一直很想了解總統關於銀行問題的看法，可屢次採訪都沒有結果。後來她得知總統有個習慣，就是喜歡在黎明前一兩個小時起床、散步、騎馬或去河邊裸泳，於是，她心生一計。

一天，安妮尾隨亞當斯總統來到河邊，先藏身樹後，待總統下水以後，她便坐在他的衣服上喊道：「游過來，總統。」

亞當斯滿臉通紅，吃驚地問道：「你要幹什麼？」

「我是一名記者。」安妮回答道，「幾個月來我一直想見到你，就國家銀行的問題採訪一下。我多次到白宮，他們不讓我進，於是我觀察你的行蹤，今天悄悄尾隨你從白宮來到這裏。現在我正坐在你的衣服上。你不讓我採訪就別想得到它，是回答我的問題還是在水裏待一輩子，您看著辦吧！」

亞當斯想騙走安妮，「讓我上岸穿好衣服，我保證讓你採訪。請到樹叢後面去，等我穿衣服。」

「不，絕對不行，」安妮急促地說，「你若上岸來抱衣服，我就要喊了。請看，那邊有三個釣魚的……」就這樣，亞當斯無可奈何地待在水裏回答了她的問題。

【第十二計】靈機一動：輕鬆走出危險境地

春秋末年，伍子胥被楚平王追殺，伍子胥欲經過昭關逃往吳國。在設計騙過昭關守將後不久，伍子胥遇到了一位姓左名誠的小吏，左誠認識伍子胥，他大驚地說：「朝廷追拿你甚緊，你是如何過關的？」

伍子胥說：「楚平王追拿我的目的，是為了得到一顆夜明珠，但這顆寶物已落入他人之手。我剛才已稟報過昭關守將，蒙他釋放，我現在就是要去尋回這顆夜明珠呢！」

左誠不相信，要求伍子胥跟他回昭關解釋清楚了再放走他。

伍子胥心想，若跟他回去不就是自投羅網，前功盡棄了嗎？他靈機一動騙左誠說：「若是見到守將，我就說夜明珠已經交給你，而你把它吞到了肚子裏，到時看你如何向楚平王說明，我雖難逃一死，但楚平王若要剖開你的肚子尋找夜明珠，你恐怕也只有死路一條了。」

一席話，嚇得左誠傻了眼，無奈之下，只好放了伍子胥。

【第十三計】以智為本：大事上絕不糊塗

會做事的人，不僅能夠控制自己的情緒，而且能用情緒來控制他人。他既能像演員那樣，做到哭中有笑，泣中有唱；又能像導演那樣，穩操舵柄、全面掌握。

春秋時期，越王勾踐兵敗國亡，忍辱負重到吳國去做吳王夫差的奴僕，他故作順服，並為夫差嘗糞識病，方才換得人身自由。勾踐歸國後奮發圖強，最終滅吳復國。

軍事家孫臏受龐涓陷害，被割去髕骨，困於豬欄。他裝瘋賣傻，甚至抓食豬糞，騙過了龐涓，才得以逃出虎口。

勾踐與孫臏，表面上裝瘋賣傻，碌碌無為，實則是為了掩飾內心的抱負，避免政敵對自己的警覺和迫害，為以後的成功奠定了基礎。故兵家認為，當進攻時機未到時，應鎮靜得如同癡人一樣。如果癡狂作態，冒失亂動，就會暴露戰機，引起猜疑，導致失敗。因此，成功的辦事技巧便是：寧可偽裝糊塗而暫不行動，也不假冒聰明而輕舉妄動。應當不露聲色，暗中籌畫準備。

明代時，況鐘最初以小吏的低微身分追隨尚書呂震。況鐘雖是小吏，但頭腦精明，辦事忠誠，呂震十分欣賞他的才華，推薦他當主管，升郎中，最後出任蘇州州府。初到蘇州，況鐘假裝對政務一竅不通，凡事問這問那。府裏的小吏們懷抱公文，個個圍著況鐘轉悠，請他批示，況鐘佯裝不知，瞻前顧後地詢問小吏，小吏說可行就批准，小吏說不行就不批准，一切都聽從部屬的安排。

這樣一來，許多官吏樂得手舞足蹈，個個眉開眼笑，說況鐘是個大笨蛋。過了三天，況鐘召集全府上下官員，一改往日溫柔愚笨之態，大聲責罵道：「你們這些人中，有許多奸佞之徒，某某事可行，他卻阻止我去辦；某某事不可行，他則慫恿我去辦，真以為我是個糊塗蟲，耍弄我，實在是太可惡了！」接著下令，將其中的幾個小吏捆綁起來一頓狠揍，鞭撻後扔到大街上。此舉使餘下的幾個部屬膽戰心驚，原來州府大人心裏明亮著呢！個個一改往日辦事拖拉、懶散的樣子，積極地工作，從此蘇州得到大治，百姓安居樂業。

【第十四計】有剛有柔：在競爭中掌握主動權

西元前二二五年，秦王派使臣到安陵國說，要用500里的土地換安陵國50里的土地。安陵君不同意，派使臣唐且前去秦國交涉。驕蠻的秦王沒有把唐且和安陵國放在眼裏。當唐且用「軟招」陳述祖先留下的土地，即使用一千里地的土地交換也不幹時，秦王沒有被安陵君的孝道和唐且的忠義所感動，仍採取自己奉行的強硬路線，以暴虐殺生相威脅。

秦王威嚇唐且說：「天子一發怒，會使上百人喪命，流血遍及千里之廣的地方。難道你想實地看一看嗎？」秦王心想，就憑這兩句話，你應該知道進退了。唐且沒有被嚇住，他平靜地說：「平民百姓發怒，也不可以小瞧的。」

「那算什麼，不過跺跺腳，撞撞頭而已。」秦王搖著頭說。

「那小過是小人發怒而已。如果真正勇猛的人發了怒，你別看倒下的只有一兩個人，卻可以讓全國的人都披麻戴孝。不信，就試試吧！」邊說著，唐且「刷」地站起，拔出寶劍，緊逼秦王。

這一招大出秦王意外。秦王無可奈何，只得放棄騙取安陵的念頭。

在這場鬥爭中，唐且沒有被秦王的威勢嚇倒，他奮起反抗，勇敢地捍衛國家的尊嚴。作為一個使者，唐且出色地完成了任務。作為一個辯士，唐且剛柔相濟的功夫搭配得多麼合理，用得又是多麼巧妙。

【第十五計】以逸待勞：隨時注意事態的變化

此計的基本要求是，沉著冷靜、隨機應變，把自己的和對方的環境和意圖，以及雙方的實力探查清楚，機敏地隨時隨地注意事態的變化，時機尚未成熟時，要穩如泰山，時機一到立即以排山倒海之勢撲向對方，迅速取勝。

一九四六年年初，李先念和國民黨實力派人物郭懺，分別代表己方就中原停戰問題進行談判。

郭懺在會上表現十分活躍。未待主持人宣布第一項協議完畢，便不住地打著手勢，要求討論所謂我中原軍區部隊繼續挑起軍事衝突的問題。接著，他對我中原軍區部隊大肆攻擊：在何時抓走了他們多少兵，打死多少人，占了多少的地方……並且手拿著編造的所謂證據，面對中外記者不停地晃動，故意虛張聲勢。

李先念的表情十分鎮定，不慌不忙地站起來環視一下會場，說：「首先，我想請教郭將軍一個問題。有道是『水有源，山有主』。抗戰八年，你們的部隊一直待在什麼地方？你們駐紮在黃陂河口、塔爾崗、積陽山等地的部隊，在什麼地方和鬼子作戰？你們從未去過什麼地方，怎麼說這些地方被我侵佔了呢？」

李先念巧妙的問話，使郭懺面有難色，無言以對，接著，在李先念列舉的多數事實面前，更是無言可辯，不得不改口說：「李將軍抗戰有功！李將軍抗戰有功！」之後，再也找不到答話的機會，引得記者的一片噓聲。

「以逸待勞」正是讓對手銳氣自損自耗，然後「後發制人」。正如拳王阿里說的「你不妨站穩了讓對方打，等他打累了，他自然會倒下。」

【第十六計】別出心裁：打破常規去思考問題

諸葛亮少年時和徐庶、龐統等同拜司馬徽為師。三年師滿，先生說：「從現在到午時三刻，誰能得到我的允許，走出水鏡莊，誰就算出師了。」弟子們急得抓耳撓腮，有的呼叫：「莊外失火！」有的謊報：「家中來信，母病危，要速回。」龐統說：「如果讓我站在莊外，我一定能想出辦法。請先生允許我到莊外走走。」這些都沒有得到先生的同意，眼看午時三刻就要到了，諸葛亮一臉怒氣，摔摔打打地直奔堂上，指著先生的鼻子怒叫道：「你這先生太刁鑽，盡出歪題害我們，我不當你的弟子了！還我三年學費！快還我三年學費！」

一席話，把先生氣得渾身顫抖，喝道：「快把這小畜生趕走！」諸葛亮卻拗著不走，徐庶、龐統好歹才把他拉了出去。可一出莊，諸葛亮就大笑起來，撿起一根柴棒，跑回莊，跪在先生面前說：「方才為了考試，不得已冒犯恩師，弟子願受罰！」說著送上柴棒。先生這才轉怒為喜，拉起他說：「你可以出師了。」

為了完成考題，諸葛亮活靈活現地表演了對先生的憤恨情緒，激怒司馬徽，將他逐出莊園，這場假戲真做的戲真是絕妙！它顯示了諸葛亮超人的智慧。

【第十七計】禮尚往來：以其人之道治其人

明朝初年，某地有一知府姓曹，自稱是三國曹操的後代。

一日曹知府在看戲，正逢演《捉放曹》。扮演者姓趙名生，演技高超，把曹操的奸詐、陰險表演得淋漓盡致。曹知府見到自己的祖先被侮辱，不禁大怒，當即派公差捉趙生進府，要治他的罪。公差去抓趙生時，趙生不知其故，公差以實情相告。趙生聽後，微微一笑，胸有成竹地進了縣府。

曹知府見趙生昂然而來，拍案喝道：「大膽刁民，見本府為何不跪？」

趙生瞪眼反問：「大膽府官，既知曹丞相蒞臨，為何不下拜作禮？」

曹知府氣得臉色發青：「你，你，誰認你是丞相？你是唱戲假扮的。」

趙生冷笑一聲：「哼！大人既然知道我是假扮者，為什麼還要派人將我抓來治罪呢？」曹知府張口結舌，無話可答，只得將趙生放了。

【第十八計】有憑有據：事實勝於雄辯

二十世紀30年代中期，英國商人威爾斯向中方茂隆皮箱行訂購三千個皮箱，價值20萬元，雙方訂下合同，一個月內交貨，保質按量，否則由賣方賠償損失50%。

一個月後，茂隆皮箱行經理馮燦如期交貨時，威爾斯卻說，皮箱內層中使用了木材，就不能算是皮箱，因此向法院起訴，要求賠償損失。

開庭時，港英法院偏袒威爾斯，企圖判馮燦詐騙罪。馮燦委託當時的律師羅文錦出庭為被告辯護。在法庭上，威爾斯信口雌黃，強詞奪理，氣焰囂張，而庭上的氣氛似乎也有向其傾向的跡象，形勢對被告不利。

這時，羅文錦站在律師席上，從口袋裏取出一隻大號金懷錶，高聲問法官：「法官先生，請問這是什麼錶？」

法官答：「這是英國倫敦出品的名牌金錶。可是這與本案有什麼關係呢？」

「當然有關係！」羅律師高舉金錶，面對庭上所有的人繼續問道：「這是金錶，沒有人懷疑了吧？請問這塊金錶除錶殼是鍍金之外，內部機件都是金製的嗎？」

法官顯然已經感到中了「埋伏」。

羅律師又說：「既然沒有人否定，錶的內部機件可以不是金做的，那麼茂隆行的皮箱案，顯然是原告無理取鬧，存心敲詐而已。」

律師把論題引開，擺出一個簡單的事實，讓法官承認這個事實，再進行類推。在這種辯護中，羅律師利用大家都承認的道理和事實，用無可辯駁和否認的事實，逼使對方無話可說。在皮箱案的例子裏，皮箱、金錶均取外層意義，既然金錶外層鍍金，內部可以不是金，那麼此箱的內部當然也可以不是皮，這是兩者之間的相同點，也是辯論的基點。

【第十九計】有理有節：說話也能決定成敗

美國洛杉磯的華裔商人陳東向香港繁榮集團的陳玉書購買了一批景泰藍，言明一半付現金，一半付一個月的期票。交易那天，陳東派兒子陳小東前來接洽，自己坐在美國指揮。一個月後，期票到期了，銀行卻退了票，幾經聯繫，陳東一推再推，後來索性不接電話了。陳玉書這才知道上了當，他說：「除非陳東永遠不來香港做生意，只要他敢來，我一定逼他還錢。」

終於有一天，陳玉書得到消息，陳東來到了香港。陳玉書馬上派人同他聯繫，並以鳥獸景泰藍優惠售價相誘，將陳東請到公司。陳東剛到陳玉書的公司坐下，陳玉書大腳一踹，房門大開，大喝一聲：「陳東，你上當了！」陳東這時臉色突變，大氣不敢出半分。「你既然來了，就讓我處置你吧。」陳玉書伸出手掌問他：「我的錢呢？」

「我沒欠你的錢，是我兒子欠的。」

「不是你在電話裏答應，我怎麼會讓你兒子取貨？」

「兒子欠債，要老子還錢，這不符合美國法律！」「這裏是香港！你今天要能走出這個門，我就不姓陳！」

「我們這些人是講道理的，對不講理的人我們總有辦法處理。你知道我是什麼人？」不等對方回答，陳玉書大聲大氣說：「我從小在印尼就是流氓！」

俗話說：「軟的怕硬的，硬的怕橫的，橫的怕不要命的。」

這時，陳東冷汗直流，用手摸摸胸口，急忙掏藥，看樣子心臟有點不妥。陳玉書對陳東說：「我們是講人道主義的，我今天要的是你還錢，否則你別想走出這個門。」陳東知道抵賴是無用的，只得乖乖地打電話給一個珠寶商，叫他開支票。

陳玉書討要債務時，有理有節，佔據了心理優勢，因此順利獲勝。

【第二十計】先發制人：時間就是一切

「先發制人」就是在爭取時間、速度方面搶先制伏對方。

唐高祖李淵的皇后竇氏生四子，長子建成為太子，次子世民為秦王，三子元霸早死，四子元吉為齊王。李世民在唐朝建立和統一戰爭中，屢立大功，權勢很大，太子建成感到李世民威脅他的地位，就與元吉勾結想除掉李世民。當時李世民手下大將李靖等多次對他說：「大王因功高被懷疑，靖等願效犬馬之力。」

勸李世民早想辦法。西元六二六年，突厥入侵，唐高祖命元吉率兵抵抗。元吉乘機召集軍隊，準備與建成約定時間舉事，除掉李世民。

長孫無忌、房玄齡、杜如晦、尉遲敬德、侯君集等日夜勸李世民說：「事情已經非常危急了，如果不採取應變行動，國家必定有滅亡的危險。周公是聖人，難道沒有兄弟骨肉之情？為保國家，大義滅親。現在大王臨危不斷，坐等遭受屠戮，怎麼成就道義？如果不採納我們的意見，我們將逃身草澤，不能夠在大王身邊。」

李世民聽從了他們的計謀。6月3日，密奏建成、元吉擾亂後宮，並說：「臣沒有絲毫對不起兄弟之處，今天他們想殺我，好像要替王世充、竇建德報仇。如果我今天冤枉而死，與父王永別，九泉之下見到王世充等賊也感到羞恥。」唐高祖聽了以後，驚訝地說：「明天一定查問這件事，你應該早點告訴我。」

6月4日，李世民率他的心腹9人到玄武門起事，建成、元吉走到臨湖殿，發現情況有變，準備撤回宮府，但李世民的伏兵及時出擊，殺了建成、元吉。不久，李淵被迫退位，李世民即位，就是唐太宗。

【第二十一計】後發制人：遲一步行動

《孫子・軍爭篇》中說：「故迂其途，而誘之以利，後人發，先人至，此知迂直之計也。」會辦事的人故意迂迴而行，落後於他人，遲一步行動，而結果卻能先期到達目的地，收到別人意料不到的效果。後發制人，著重在於「制人」，後發而不制人，只是步人後塵，拾人牙慧，盲目跟進。先發制人，固然能夠先入為主，捷足先登；但後發制人，也能後來居上，力挫前鋒。

西元一三五五年，郭子興率兵攻下和州，任命朱元璋為總兵官。朱元璋在郭子興部下的將領中，年紀輕，地位也不高，而其他將領都是郭子興的老部下。在攻克和州後，許多將領目無軍紀，燒殺擄掠，搶霸民女，朱元璋下令諸將領將所掠民女放了，這些將領很不服氣，朱元璋也知道這點。

有一次開會，在討論軍事大計的廳堂只擺著一條長凳，先來的將領們按尊卑高低從右到左都坐下了，只留給朱元璋最末一席，朱元璋故意遲到，也不吭聲。後來郭子與決定修築和州城，每人負責一段，限三日完工。

三日期滿，只有朱元璋負責的那一段修築好了，其他將領負責的部分都沒完成。朱元璋設座南面而坐，把各位將領召集起來，鐵青著臉，拿出郭子與的任命書說：「我這總兵官是郭主帥任命的，不是我專斷擅權。現在軍情緊急，修築城牆這麼重大的事，都不能按期完工，萬一出了事怎麼辦？以後的仗還怎麼打？現在醜話說在前頭，過去的事就算了，自今往後，再有違令的，軍法從事！」這些將領聽他這麼一說，誠惶誠恐，紛紛表示今後一定服從指揮。從此朱元璋的總兵地位才得到鞏固。

【第二十二計】求同存異：謀求雙方共同的利益

所謂求同存異，就是為謀求在基本原則上的一致，對於某些次要的非原則性的問題都可以保留不同的意見。在人際交往和國際外交事務中，為謀求雙方共同的利益，達到共同的目標，不要在次要矛盾或非原則性的問題上糾纏不休，應儘量找出雙方的共同點，謀求目標的一致、行動的統一，避免或保留彼此之間的分歧和意見，以對付主要的矛盾和共同的敵人。

三國時期，赤壁之戰後，劉備興兵伐吳，被陸遜打得大敗，吳蜀之間的矛盾一度緊張。面對魏國吞併天下的野心，於是諸葛亮派鄧芝出使東吳，重修吳蜀聯盟，一致拒魏。因吳蜀積怨較深，孫權陳兵列陣，設鼎沸油，想給蜀使一個下馬威。

鄧芝臉無懼色地對孫權說：「我乃蜀中一個儒生，特為吳國利益而來，而你們卻陳兵設鼎，僅為拒絕一位來使，你們的度量也太小了吧。」

孫權聽了很是慚愧，立即撤下武士，命鄧芝上殿，賜坐後問道：「吳魏之利害如何？請先生教我。」

鄧芝反問：「大王想與蜀和，還是想與魏和？」

孫權回答說：「我正想與蜀主講和。但恐蜀主年輕識淺，不能自始至終。」

鄧芝說：「大王是當世之英豪，諸葛先生也是一世之俊傑。蜀有山川之險，吳有江山之固。如兩國連和，共為唇齒，進則可以兼吞天下，退則可以鼎足而立。今天如果大王向魏國稱臣，魏國必須要大王朝覲，如果不順從他，魏國就興兵而來，這樣，江南之地就難為大王所有了。如果大王認為我的話不對，我就死在大王面前。」說完，鄧芝撩衣下殿，準備要往油鍋裏跳。

孫權急忙勸阻說：「先生的話正合我意。我今天想和蜀主聯合，先生肯為我介紹嗎？」

鄧芝說：「剛才想殺我的，是大王；現在想用我的，也是大王。大王猶豫不決，怎能讓人相信？」

孫權說：「我的主意已定，先生不用懷疑。」

吳蜀積怨很多，但大敵當前，共同抗敵是大事，那些積怨自然就成了次要矛盾。鄧芝不談劉備生前的吳蜀矛盾，而是尋找雙方的共同點——吳蜀聯盟的基礎，雙方通好的重要性和必要性。孫權當即同意聯盟，吳蜀關係又修好。鄧芝使用的外交手段高明，有很多值得借鑒的地方，最重要的一點是求同存異。

求同存異，謀求的是基本原則上的一致，非原則問題、次要問題可以保留不同意見，但如果是原則問題，對大局有損害的事情，則堅決不能答應。

【第二十三計】巧言攻心：讓對方產生好感

美國著名的柯達公司的創始人伊斯曼，捐贈鉅款在羅徹斯特建造了一座音樂堂、一座紀念館和一座戲院。為了承接這批建築物內的座椅，「優美公司」的經理亞當森前來會見伊斯曼，希望能夠得到這筆價值9萬美元的生意。

亞當森被引進伊斯曼的辦公室後，伊斯曼問道：「先生有何見教？」亞當森沒有談到正題，而是說：「伊斯曼先生，我剛剛仔細地觀察了您的辦公室。我本人長期從事室內的木工裝修，但從來沒有見過裝修得這麼精緻的辦公室。」

伊斯曼回答說：「哎呀！要不是您提醒我差不多忘記了這件事情。這間辦公室是我親自設計的，當初剛建好的時候，我喜歡極了。但是後來一忙，幾個星期都沒有機會仔細欣賞一下這個房間。」

伊斯曼走到牆邊，用手在木板上一擦，說：「我想這是英國橡木，是我的一位專門研究室內細木的朋友專程去英國為我訂的貨。」伊斯曼心緒極好，便帶著亞當森仔細地參觀起辦公室來了，把辦公室的所有的裝飾一件一件地向亞當森做介紹，從木質談到比例，又從比例談到顏色，從手藝談到價格，然後又詳細介紹了他設計的經過。

直到亞當森告別的時候，倆人都未談及生意。可結局是：亞當森不但得到了大批的訂單，而且和伊斯曼結下了終生的友誼。為什麼伊斯曼把這筆大生意給了亞當森？這與亞當森巧言攻心的辦事技巧十分有關。如果他一進辦公室就談生意，十有八、九要被趕出來。

亞當森成功的訣竅是什麼？說來很簡單，就是他了解推銷的對象。他從伊斯曼的經歷入手，讚揚他取得的成就，使伊斯曼的自尊心得到極大的滿足，把他視為知己，這筆生意當然非亞當森莫屬了。

【第二十四計】謙讓克制：爭取得到別人的同情

有一人家來客，父親叫其兒子去附近小店買包萬寶路香煙。煙買回來，卻發現是假貨。父親帶著兒子來小店，讓店主拿過一包煙來。父親持煙仔細審視，並自語道：「唉，這年頭假煙太多了！」店主搶過話頭：「你放心，我這裏絕無假貨！」父親仍歎曰：「可恨吶，上週我在市中心一家店鋪買了一包煙，店主還不是打包票說絕對不假。誰知拿回家打開來一看是假煙。」店主道：「你去找他呀！」父親哭喪著臉說：「已經過了好幾天才開包發覺的，他還會認賬嗎？」店主惋惜道：「你當時發覺就好了，他敢不認賬？」父親認真請教：「要是當時發覺了，他還是不認賬怎麼辦？」店主指教道：「找工商局去呀！人贓俱獲，他能不怕嗎？」父親見時機已到，朝躲在一邊的兒子一招手，而後從懷中摸出那包煙來：「那好！請你看該怎麼辦吧？」店主一下傻了眼：「啊……對……對不起，對不起，我退款，我退款！」

【第二十五計】借勢成事：他山之石可以攻玉

「狐假虎威」是人所共知的一則有名的寓言。「假」即假借，依仗的意思。這是一種借別人的名聲抬高自己，來回放大，樹立自己形象的借威計。

西元前六三五年春，周王室發生內亂。周襄王被異母弟王子帶勾結狄人趕跑，逃到鄭國避難。

這時的周王室雖已衰微，但名義上仍然保有「天下宗主」的地位，各諸侯國還得尊崇他，誰得到了「尊王」的大旗，誰就可以取得諸侯的信從。

晉國得到周王朝的告急信，大臣趙衰說：「求霸莫如舉起尊周的旗幟。周晉同姓，晉不行護送周天子回王都，以後秦人這樣做了，我們就難以號令天下了。如今尊王，正是晉國的資本。」文公即刻發兵向陽樊打去。這時秦穆公已經率領大軍到了黃河邊上，準備送周天子回國。

文公得知，馬上派人去見秦穆公，說晉國已經發兵護送周天子，請秦國退兵。秦軍撤了回去，晉文公用右翼部隊包圍鄭，在鄭國抓住王子帶，把他殺死。左翼部隊迎接周襄王回王都。周襄王賜給晉國陽樊、溫原的田地，從此晉國在太行山之南也有了領土。

【第二十六計】知己知彼：在被動中爭取主動

唐太宗李世民在少年時，曾使用過一條妙計嚇退了敵軍。

那是大業年間，隋煬帝率軍與突厥作戰失利，被困於雁門關外。隋煬帝命人將詔書繫在木塊上，投入汾水中，向下游郡縣告急，命他們募兵援救他。當時年方16歲的李世民應募從軍，在將軍雲定興帳前供職。

李世民了解到前方的敵情之後，對雲定興說：「敵人膽敢圍困天子，是因為他們料定我主力無法及時增援。因此，如今我們如果將軍兵分散，拉開數十里的行列，白天要讓敵人看得見旌旗，夜晚要讓敵人聽得見更鼓聲，敵軍不知虛實，一定會以為大批援兵迫近，這樣，就可以不戰自退。」

雲定興採納了李世民的建議，依計而行。突厥的偵察哨遠遠地看見隋朝大軍浩浩蕩蕩，連綿不絕，立刻飛報可汗。突厥可汗果然中計，連忙撤去了包圍隋煬帝的軍兵。李世民初入軍旅，便獻此妙計，兵不血刃，嚇退敵軍，解除了隋煬帝的危急，由此，他也獲得了極高的聲譽。

【第二十七計】正話反說：讓對方自己去感悟

齊景公喜歡用老鷹來捉兔子。一次，燭鄒不慎讓一隻老鷹飛走了，景公下令把燭鄒推出斬首。晏子知道了，去拜見景公說：「燭鄒有三大罪狀，哪能這麼輕易殺他？請讓我一條一條地數落出來再殺他，可以嗎？」

齊景公說：「可以。」晏子指著燭鄒的鼻子說：「燭鄒！你為大王養鳥，卻讓鳥逃走了，這是第一條罪狀；你使得大王為了鳥的緣故要殺人，這是第二條罪狀；把你殺了，天下諸侯都會怪大王重鳥輕士，這是第三條罪狀。」齊景公聽後，對晏子說：「別說了，我知道你的意思。」

晏子本意是想救燭鄒，但卻沒有替他說情，反而數落其罪狀，似乎是給燭鄒罪上加罪，然而，事實上卻是這三條罪狀反而救了燭鄒的命。原來，晏子用的「正話反說」法，表面上是在給燭鄒加罪，實則是為其開脫，並批評齊景公重鳥輕士，這樣，既避免了說情之嫌，又救了燭鄒；既指出了齊景公的錯誤，又不丟齊景公的面子，可謂「一箭雙鵰」。

【第二十八計】未雨綢繆：提前做好準備

安祿山發動叛亂以前，平原（今山東德州）太守顏真卿見安祿山發動叛亂的跡象日益明顯，就趁著陰雨連綿的天氣，高築城牆，深挖壕溝，計算壯丁的人數，充實倉庫的糧食。安祿山認為他只是一個書生，沒把他放在眼裏。安祿山發動叛亂時，還發公文給顏真卿，令他以平原博軍屯七千人防守黃河口。顏真卿乘機招募勇士，10天之內就招到一萬多人。

西元七五六年正月，安祿山攻陷洛陽，殺留守李登、御史中丞盧欒、判官蔣清，並派段子光拿著三人的首級到黃河以北各郡縣巡行示眾。顏真卿見隊伍剛剛建立起來，怕動搖人心，就對諸將說：「我認識這三個人，這些首級是假的。」於是腰斬了段子光，把三人的首級祕密藏起來。過幾天，再派人取來三個冠飾，用草做成三人的肢體，將他們入棺祭葬。顏真卿傷心痛哭，更加堅定了反安祿山的決心。

這時安祿山派李欽湊、高邈、何千年等守土門（今河北獲鹿縣西南），顏真卿的堂兄弟常山太守顏杲卿與長史袁履謙用計將李欽湊、高邈殺掉，活捉何千年。土門一開，河北十七郡都歸順朝廷，共推顏真卿為帥，得兵二十萬，橫斷燕趙。

【第二十九計】網開一面：辦事不要走極端

「網開一面」是指用計的一方處於絕對優勢地位時，要留有餘地，不要把事情做絕，不要走極端，這對優勝者是有利無害的。

三國時魏國將軍曹仁算得上曹操手下智勇雙全的人物。官渡之戰以後，河北逐漸平定。曹仁跟隨太祖進攻壺關。然而沒想到小小一城池，竟久攻不下。一顆釘子，把曹操大軍的道路給擋住了。曹操狠下決心，要拔掉這顆釘子。於是，發布命令，攻下城池之後，士兵自由三天，可以任意姦殺擄掠。城池中的守軍一聽到這道命令，知道除了拼死抵抗再無他策，就眾志成城，抱定了以死抗爭的決心。

兩支隊伍就這樣相持著，曹操更是焦急萬分。曹仁便對他說：「圍攻城池，必須給城裏的人留一條生路。而您登出告示說要將城裏人殺戮，他們當然要全力以赴抵禦您而保衛自己。且壺關城牆堅固，儲備的糧食又多，如果我們硬攻，傷亡肯定慘重，如果包圍，又曠日持久。今天您屯兵堅固的城池下，以攻擊必死的敵人，這不是好辦法啊！」

曹操聽了他的話，馬上醒悟，於是把部隊撤出一部分，作回兵打算。城中的守軍見圍城之軍放棄了原來的命令，就打開城門投降。

【第三十計】棋走險著：讓對方有所敬畏

兩人對弈，黑白（棋子）相爭，決一勝負。當一方處於劣勢，形勢危急之時，不得不放出「勝負手」。所謂「勝負手」，就是在對方棋子較厚之處，強行打入，冒險攻擊。只要步調不亂，攻其弱點，或利用己方的死子，往往能打亂對方的陣腳，變彼之空為己之地，一舉扭轉敗局，轉危為安，反敗為勝。

西元前二七九年，秦昭王約請趙王在澠池相會。趙王怕被秦王扣留，不敢去，可大臣廉頗、藺相如都認為如果不去，便是屈服於秦國。於是廉頗輔佐太子留守趙國。平原君率領幾萬人在澠池附近策應，大將李牧率五千精兵跟隨趙王和藺相如前往澠池。到了澠池，兩國國君相聚飲酒。秦王借酒醉想侮辱趙王，說：「寡人聽說趙王十分喜好音樂，請趙王給演奏一段瑟助助興吧。」趙王不得已便彈了一段瑟，秦國的史官當場記下「某年某月，秦王命趙王彈瑟。」

這時，藺相如抱著一個瓦缶，說：「趙王聽說秦王很擅長秦國的音樂，請秦王演奏一段瓦缶助助興吧！」秦王聞言大怒，堅決不答應。藺相如抱著瓦缶跨前幾步說：「五步之內，我便可以血濺大王！」

秦王手下想揮劍砍相如，藺相如瞪眼喝退了他們。秦王一見這形勢，只好敲了一下瓦缶應付了事。藺相如也回頭叫來趙國史官，讓他記下：「某年某月某日，秦王為趙王擊缶。」秦國大臣很不服氣，有人站起來說：「請趙王割讓十五座城池為秦王祝壽！」藺相如也站起來對秦王說：「請秦王割讓都城咸陽為趙王祝壽！」秦王看到藺相如寸步不讓，又得知趙國的大軍就駐紮在附近，自己哪方面也占不到便宜，便喝退了群臣。

【第三十一計】金蟬脫殼：巧妙化解難題

「金蟬脫殼」指的是處於劣勢之際，以假象迷惑對方，實現安全撤離的謀略。

人們在觀察和思考問題的時候，往往直觀地注意那些異乎尋常的跡象，而忽視原封不動的表象背後所發生的變化。「金蟬脫殼」就是利用這一思維定勢，以貌似原形的假象麻痹對方的判斷，掩護自己脫身而退。

著名的科學家愛因斯坦經常坐小汽車到各大學講學。有一次在去講課途中司機對他說：「博士，我聽過你的課大約有20次了，我已經記得很清楚了。我敢說，這課我也能上哩！」

「那麼，好吧，我給你個機會。」愛因斯坦說，「我們現在要去學校，那裏的人都不認識我。到了學校，我就戴上你的帽子充當司機，你就可以自稱為愛因斯坦去講課了。」

司機準確無誤地講完了課。正當他要離去時，一位教授請他解釋一個複雜的問題。司機靈機一動，說：「這個問題太簡單了。好吧，為了讓您明白它是多麼的容易，讓我叫我的司機來為你解釋吧！」

這樣，這位司機巧妙地化解了難題。所以，當我們在某些場合碰到難題時，不妨來個「金蟬脫殼」。

【第三十二計】避實擊虛：不與對方正面交鋒

「實」是指戰力充沛的狀態，「虛」指戰力的空虛薄弱。這句話的意思是說，在對方精力旺盛的時候，要盡力避免與之正面交鋒，但是當對方力量削弱時要把握住時機大舉進攻。

路透來到倫敦創辦國際通訊社之前，曾有一段時間在德國的古城亞琛從事通訊工作，在這裏，他為自己將來的騰飛從各方面奠定了基礎。一八四九年10月，普魯士政府正式開通了從柏林到位於同比利時交界處的亞琛之間的電報線，計畫提供商業通訊使用。這樣，亞琛的地理位置一下子重要起來，利用柏林與亞琛之間的電報線從事服務也成了十分有利可圖的事業。路透得知這個消息後，立即行動起來，準備抓住這個機會幹一番事業。他趕到柏林，想在那裏仿效巴黎的哈瓦斯也辦一家通訊社。

但是，另有一個叫沃爾夫的人已經搶在他前頭，在柏林建立了「沃爾夫辦事處」。沃爾夫家中廣有資財，經濟實力雄厚，且有著與路透同樣精明的頭腦和才幹，面對這樣的對手，路透十分明白自己無力挑戰。可是，路透並沒有氣餒和絕望，他避實就虛地打了一場「閃電戰」，馬不停蹄地趕到亞琛。

一瞧亞琛的生意無人問津，路透喜出望外，馬上開辦了一家電報辦事處。路透廣泛蒐集歐洲主要城市的各種行情快訊，經處理後彙編成「路透行情快訊報」，然後利用盡可能快的交通聯絡工具提供給訂戶。由於不辭辛苦，加倍努力，路透的經營市場很快就打開了，一段時期以後，竟然出現一股爭相訂購路透快訊稿件的局面。路透終於站住了腳跟。

「避實擊虛」其意思是避開敵人的主力所在，攻擊其力量薄弱的地方。但在辦事的過程中，這一謀略也常常具有實際意義。像路透一樣，當面對實力比自己強大的對手時，在沒有取勝把握的情況下，應該主動、靈活，另覓他途，避免以弱碰強。在沒有強大競爭對手的地方再施展自己的手腳，這樣才能實現自己的目標。

【第三十三計】障眼法：分散對方的注意力

東漢末年，黃巾軍揭竿而起，起義隊伍日益壯大。北海太守孔融被圍困在都昌城中，黃巾軍的圍攻則越來越緊，孔融只好讓太史慈帶兵突圍，去請皇叔劉備前來援助。黃巾軍把城圍得如鐵桶一般，怎樣衝出去呢？

太史慈想了一個計策。太史慈騎馬持弓出城，後邊還有幾個人拿著箭靶跟著。外面圍城的黃巾軍十分緊張，馬上嚴陣以待，準備開戰。而太史慈則到城下的戰壕內，支好箭靶，往來騎射。射了一會兒，便回城去了。

過了幾天，太史慈又出城射箭，圍城的人大都不以為意，只有少數人還站著觀看。這樣十來天過去了，圍城的人也都習以為常，他們躺在地上，一動也不動。又一天早上，太史慈照例出城射箭，突然躍馬揚鞭，衝出重圍。等黃巾軍想追趕時，已來不及了。不幾天，太史慈搬來了救兵，解了困城之圍。

做一些表面看來毫無意義甚至愚蠢的事情，可以麻痺敵人，分散敵人的注意力，然後乘機行動。這種蒙蔽方法著眼於擾亂對手的視線，就好像是虛晃一槍的障眼法。太史慈正是此中高手。

【第三十四計】連環計：讓事情發生連鎖反應

所謂「連環計」，是指計中有計，計計相連，環環相扣，互相聯繫，相互牽制，或乘機前進，或乘機撤退。「連環計」的道理十分簡明，事物都是相互聯繫的，只要抓住了要害的一點，就會引起連鎖反應，以達到事半功倍的效果。

早在三國初期，在曹操等尚未崛起之前，漢獻帝的朝政已由奸臣董卓把持。而且出入皆天子儀仗，董氏家族全部都封侯。司徒王允鑒於董卓甚為跋扈，而且自己的生命亦將朝夕不保，於是，便和他的義女貂蟬商議用計除去老賊。

董卓有個義子名叫呂布，武藝高強，但是個好色之輩。王允計畫把貂蟬佯允與呂布婚配，而後，再使董卓得寵貂蟬。藉以引起義父子之間的仇視，令呂布殺董卓，以絕大惡。

王允先將呂布邀到家中宴飲，使貂蟬與之相會，呂布見貂蟬美豔，當然心喜。王允見其有意，於是慨允許配。貂蟬和他眉來眼去，秋波送情，把這個好色的呂布的心給牢牢地抓住了。

過了幾天，王允在朝堂見到董卓，見呂布不在，就伏地拜請曰：「而欲屈請太師車騎，到草舍赴宴，未審鈞意如何？」董卓曰：「司徒見招，即當趨赴。」就這樣在王允家中見到貂蟬之後，卓稱賞不已，笑曰：「真神仙中人也。」當晚就把貂蟬帶到太師府去了。

後來呂布趁董卓不在府中的時候，見了貂蟬。正當呂布與貂蟬在後花園卿卿我我之際，恰被董卓回府撞見。於是義父子之間點燃起戰火。最後王允促使呂布借李肅的協助，殺死了董卓。

【第三十五計】迂迴計：多繞幾個圈子

宋朝的陳襄任浦城縣令期間，有人被偷了東西告到縣府。負責捕盜的官吏捉了幾個嫌疑犯，但他們都不承認偷盜，而且還互相通氣，使得官府一時難以突破。這時，陳襄想出了一條妙計，他再次提審這批嫌疑犯，並告訴他們說：「某座寺廟裏有一口神鐘，它能辨認小偷：凡是犯了案的人摸它，它就會發出聲響，否則就不會出聲。雖然你們不肯招認，但很快我就能將你們中真正的小偷辨認出來，到時我定嚴懲法辦。」他這一席話，使得這些人個個提心吊膽。

接著他派差吏押著這些嫌疑犯來到寺廟，在這之前，他已讓人暗地裏在大鐘上下全塗了墨，再用布簾把鐘四周遮住。嫌疑犯到了之後，就命令他們輪流去摸鐘。一會兒，便叫他們伸開自己的手，陳襄每個查看以後發現，只有一個嫌疑犯的手上沒有染上黑墨。於是，他將此人單獨審問，終於查明這個人就是那個盜賊。在摸鐘時，這個真正的小偷怕鐘聲真的會發出聲響來，所以沒敢用手去碰鐘，沒想到這樣反倒暴露了自己的罪行。

【第三十六計】走為上：擺脫不利局面

一碗不響，兩碗叮噹。在日常生活和工作中，人際關係不可避免地會發生矛盾；但是，矛盾雙方是相互依存的，根據這個道理，那麼家庭一旦發生了連「清官」也難斷的家務糾葛，爭吵打鬧得不可開交的夫妻雙方，只要有一方「出走」雞飛狗跳的局面很快便會平息下來。

豁達的丈夫或者聰明的妻子如果在對方發脾氣之際，「走為上」，暫避鋒芒，讓對方冷靜下來之後，自己再作解釋乃至檢討，無疑比針鋒相對大鬧一場要好得多。

朱元璋命畫師周玄素畫「天下江山圖」。玄素擔心難如聖意，便說：「我未走遍九州，不敢亂畫。請陛下來個草圖，我再潤色一下。」

朱元璋畫好後便將草圖交給周玄素，讓他「潤色」。但周玄素又說：「陛下山河已定，一點兒也動不得！」朱元璋大笑作罷。

能讓喜怒無常的朱元璋作畫，多虧了周玄素的「不敢亂畫」和「一點兒也動不得」。周玄素分兩步走，由易到難，順利脫身。

由此可引申出來：當你與別人無謂爭吵時可「走為上」；在遭受辱罵、打擊而無力辯駁時「走為上」；在無法忍受冗長會議時「走為上」，當面臨突發事件無力應付時「走為上」……

第六章

說話的技巧不能不學

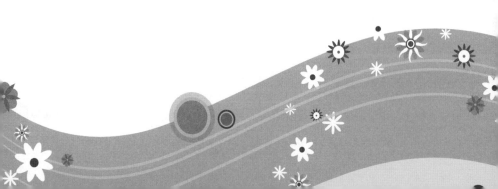

說話水準高，很多機會呼之即來；口才水準低，很多機會聞「聲」而去。因為在這個熙來攘往的世界上，機會總是隨著人的願望和意思而流動。而表達願望和意思的基本工具便是語言，那些說話水準高超的人大都會把各種願望和意思恰到好處地表達出來，把各種利益順理成章地聚攏到對自己有利的方向上來。

1．你的世界是「說話」建造的

事業的成功和失敗，往往決定於某一次談話，這話絕不是過分誇張的，美國人類行為科學研究者詹姆斯指出：「說話的能力是成名的捷徑。它能使人顯赫，鶴立雞群。能言善辯的人，往往使人尊敬，受人愛戴，得人擁護。它使一個人的才學充分拓展，熠熠生輝，事半功倍，業績卓著。」他甚至斷言：「發生在成功人物身上的奇蹟，一半是由口才創造的。」

在法蘭克林的自傳中，有這樣兩段話：

「我在約束我自己的時候，曾有一張美德檢查表的實行，當初那表上只列著12種美德，後來，有一個朋友告訴我，說我有些驕傲，這種驕傲，常在談話中表現出來，使人覺得盛氣凌人。於是我立刻注意這位友人給我的忠告，我相信這樣足以影響我的前途，然後我在表上特別列上虛心一項，我決心竭力避免一切直接觸犯別人感情的話，甚至禁止自己使用一切確定的詞句，像『當然』、『一定』、『不對』……而以『也許』、『我想』、『好像』……來代替。」

「說話和事業的進步有很大關係，你如出言不慎，你如跟別人爭辯，那麼，你將不可能獲得別人的同情、別人的合作、別人的動力。」這是千真萬確的，一項事業的成敗，常會在一次談話中獲得效果。你如出言不慎，你如無理跟別人爭吵，那麼，你將不可能獲得別人的同情、別人的合作、別人的幫助。無數成功者的事實證明，敢於當眾講話，善於說話是成功事業的催化劑，它直接關係事業的成敗。

一九八三年元旦，英國女王為多年給首相柴契爾夫人擔任顧問的戈登•里斯授以爵位。其主要功績是：有效地提高了柴契爾夫人的演說能力和應答記者提問的能力；為柴契爾夫人撰寫了深得人心的演講稿……一句話，為英國塑造了一位嶄新的「風姿綽約、雍容而不過度華貴、談吐優雅和待人親切自然的女首相形象。」

在西方國家，當前無不把會說話作為衡量優秀人才的重要尺度，每個公司、企業招聘各類人才，都要進行口試。在日本，一些大公司在招聘人才進行面試時，專門就說話能力規定了若干不予錄用的條文。其中有：

(1) 應聘者聲若蚊子者，不予錄用；

(2) 說話沒有抑揚頓挫者，不予錄用；

(3) 交談時，不得要領者，不予錄用；

(4) 交談時，不能乾脆俐落地回答問題者，不予錄用；
(5) 說話無生氣者，不予錄用；
(6) 說話顛三倒四、不知所云者，不予錄用……

日本大公司的這些規定也反映了這樣一個事實：說話與事業的關係至為密切，它是勝任本職工作最重要的條件之一。知識就是財富，口才就是資本。能說會道，才能正確地領悟上級的意圖並恰當地表達出來，一個唯唯諾諾、語無倫次的人定不能勝任自己的工作。通過講話讓領導、同事、群眾更深層次地了解你，才能讓大家信任你，才有機會被提拔到更高的職位，勝任更重要的任務，才有施展才華、事業成功的機會。用好這種催化劑，事業成功也便指日可待了。

2．會說話不是一件容易事

有這樣一個故事。在酒足飯飽後，國王問大臣：「你們說，世界上什麼最難？」大臣回答：「世界上說話最難。」大臣沒有說出來的隱含意思是：說話最難，尤其是和國王說話最難。

現在做一個試驗，問問你身邊的人：「你們認為自己很會說話的，請舉手。」肯定沒有幾個人能理直氣壯地說自己會說話。是呀，凡是有一定社會經驗的人都知道，說話容易，但是要把話說到位，非常困難。有的管理者講：「我招聘人的時候，看應聘者能力的高低，就看他說話水準的高低。」

說好話很難，難就難在說話太容易，這並不矛盾。恭維的話可以張嘴就來，罵人的話可以脫口而出，吹牛也用不著繳稅，自己一個人實在寂寞還可以自言自語。但在這人聲鼎沸的世界裏，讓人專心聆聽你的聲音就不太容易了，再讓人為你的話而鼓掌喝彩更是難上加難。有時候使盡全力去喊未必讓人震驚，一聲歎息卻讓人心潮澎湃；洋洋灑灑的長篇大論常常有鼾聲相伴，平平淡淡的隻言片語卻說不定能換來掌聲雷動。說話的確是一門學問。

一、說錯話就會禍從口出

古人告訴我們這樣一個經驗，在與人交往的時候，要謹防禍從口出。「講錯話」常常會給我們帶來很多不必要的麻煩，如何掌握分寸就成了人際溝通中不可忽視的一環。有許多性子直的人喜歡向周圍的人傾吐苦水。雖然這樣的交談富有人情味，能使你們的關係變得友善，但是有研究調查指出，只有不到1％的人能夠嚴守祕密。所以，當你發生危機或別人發生什麼危機時，你最好不要到處訴苦或討論是非，不要把周圍人的「友善」和「友誼」混為一談，以免話傳話，造成很多不必要的麻煩。

古時候，有個叫艾子的人發高燒，夢遊到陰曹地府，正見閻羅王升堂問事。有幾個鬼抬上一個人，說：「這人在陽世，幹盡了缺德事。」閻王命令道：「用500億萬斤柴火燒煮。」牛頭鬼上來押解。那人私下裏探頭問牛頭鬼：「你既然主管牢獄，為何穿著這麼破爛的豹皮褲子呀？」牛頭鬼說：「陰間沒有豹皮，如果陽間有人焚化才能得到。」那人立即說：「如果你肯憐憫，減少些柴，我能夠活著回去，定為你焚化10張豹皮。」牛頭鬼大喜，答應減去「億萬」兩字，煮燒時也只是形式而已。待那人將歸時，牛頭鬼叮囑道：「可千萬不要忘了豹皮呀！」那人回頭對牛頭鬼說：「我有一詩要贈送給你：牛頭獄主要知聞，權在閻王不在君，減扣官柴猶自可，更求枉法豹子皮。」牛頭鬼大怒，把他叉入滾沸的水鍋裏，並加添更多的柴煮了起來。艾子醒後，對他的徒弟們說：「必須相信口是禍之門啊！」

二、說得好就會福從口入

說話是一門藝術，不掌握技巧，沒有分寸，就會惹來不必要的麻煩，不僅傷害自己，也會困擾周圍的人。相反，如果掌握了一定的原則，就會福從口入。西方有位哲人說過：「世間有一種成就可以使人很快完成偉業，並獲得世人的認可，那就是講話令人喜悅的能力。」可見掌握語言的技巧是多麼重要。

有一位很優秀的食品推銷員，就是一個非常善於說話的人。一般的推銷員都是用

「我們又生產出一些新產品」來開始自己的銷售談話，但他卻意識到這樣做效果並不好。於是，他對顧客說：「如果有一筆生意能為你帶來二十萬元的收益，你感到有興趣嗎？」「我當然感興趣了，你說吧！」「今年秋天，香料和食品罐頭的價格最起碼上漲20％。我已經算好了，今年你能售出多少香料和食品罐頭，我告訴你……」然後他就把一些資料寫了下來。

從上可以看到，這個食品推銷員掌握了一些與人交談的技巧，站在對方感興趣的角度開始談話。從這個小故事可以看出語言的技巧是何等重要，如果以「我們又生產出一些新產品」為立足點，可能就做不成這筆生意。

3．少說「我」多說「你」

說話好像駕駛汽車，應隨時注意交通標誌，也就是要隨時注意聽者的態度與反應。如果紅燈已經亮了仍然向前開，闖禍就是必然了。

人們最感興趣的就是談論自己的事情，而對於那些與自己毫不相關的事情，眾多的人覺得索然無味，對於你自己有濃厚興趣的事情，不僅常常很難引起別人的興趣，而且還令人覺得好笑。

年輕的母親會熱情地對人說：「我們的寶寶會叫『媽媽』了。」她這時的心情是高興的，可是旁人聽了會和她一樣高興嗎？不一定。誰家的孩子不會叫媽媽呢？你可不要為此而大驚小怪！這是正常的事情，如果不會叫媽媽的孩子才是怪事呢。所以，你看來是充滿了喜悅，別人不一定有同感，這是人之常情。

自己喜歡的要求別人也要喜歡，自己沒有把什麼心裏話都告訴好朋友，卻要求別人對自己要毫無保留，世界的豐富多彩就是因為每個人都不同，包括他們的個性愛好，每個人都有自己的隱私，怎麼能要求別人公開隱私呢？即使是好朋友也沒有這個權利。

竭力忘記你自己，不要總是談你個人的事情，人人喜歡的都是自己最熟知的事情，那麼，在交際上你就可以明白別人的弱點，而儘量去引導別人說他自己的事情，這是使對方高興的最好方法。你以充滿同情和熱誠的心去聽他敘述，你一定會給對方以最佳的印象，並且對方會熱情歡迎你、熱情接待你。

說話時，把「我的」變為「我們的」，可以巧妙地拉近雙方距離，使對方更容易接受你和你的話。如果你在說話中，不管聽者的情緒或反應如何，只是一個勁地提到「我」如何如何，那麼必然會引起對方的反感。如果改變一下，把「我」改為「我們」，這對你並不會有任何損失，只會獲得對方的好感（一體感），使你同別人的友誼進一步地加深。

4・注意對方，謹慎開口

與人交談要善於觀察，盡可能地用眼睛捕捉一些與對方深入談話的資訊與靈感。如果有機會到陌生朋友家裏去做客，就要用自己的眼睛去細心觀察對方的有關情況，加強對對方的了解。

比如，你從對方家庭的日常生活用品及佈置設計中，就可以判斷出對方的經濟狀況、生活情趣、藝術修養格調等；從對方的言談舉止、音容笑貌及衣著表情，就可以窺探出對方的性格、品德以及為人處世與待人接物方面怎樣；從對方家中案頭放的書籍、牆上掛的藝術作品，就可以了解到對方的個人愛好、學習興趣、審美情趣等。

有了以上這些對對方的了解，你就很容易輕鬆自如地與對方進行交談。

一、注意對方的心理

了解聽者的心理，是掌握說話技巧的基礎。只有在了解聽者心理的基礎上，才能正確地選擇在某個場合該講什麼，不該講什麼，哪些話能夠打動聽眾的心坎，能使聽眾產生共鳴，真正使談話達到水乳交融的境地。

人的心理捉摸不定、較難把握，但是，在有些場合，人內心的東西又常通過各種方式而外露。善於觀察聽者的一舉一動，並能據此加以分析和推測，那麼，基本上就可以掌握聽眾的心理和情感。

譬如，在講話時，聽者發出噓聲，說明聽眾不喜歡那些話；如果聽者兩眼注視，說明說話的內容非常吸引人；如果聽者左顧右盼，思想不集中，說明他心裏可能很著急，但又出於尊敬而不願離開……當然，有許多人善於抑制自己的感情，不讓它外露，即使這樣，也會露出蛛絲馬跡。

戰國時，魏文侯和一班士大夫在閒談。文侯問他們：「你們看我是怎樣的一位國君？」許多人都答道：「您是仁厚的國君。」可一位叫翟璜的人卻回答說：「你不是仁厚的國君。」文侯追問：「何以見得？」翟璜有根有據地答道：「你攻下了中山之後，不拿來分封給兄弟，卻封給了自己的長子，顯然是出於自私的目的，所以我說你並不仁厚。」

一席話，說得文侯惱羞成怒，立刻命令翟璜滾出去，翟璜若無其事地昂然離去。文侯仍不甘心，他又接著問任痤：「我究竟是怎樣的一個國君？」任痤答道：「您的確是位仁厚之君。」文侯更加疑惑了。任痤說：「我聽說過，凡是一位仁厚的國君，其臣子一定剛直，敢說真話，剛才翟璜的一番話說得很直，而不是阿諛奉承之詞，因此，我知道他的君主是位寬厚的人。」文侯聽了，覺得言之有理，連聲說：「不錯，不錯。」立即讓人把翟璜請了回來，而且拜他為上卿。

在這則故事中，不但能看出任痤的人品高尚，救助同事；而且能看出他機巧聰明，善於抓住魏文侯願意被人尊為仁厚之君的這種心理，從同一事件中巧妙地引出了有利的結論，化解了文侯和翟璜之間的矛盾。

二、注意對方的身分

幾乎沒有一個人可以在說話的時候不考慮到彼此的身分。不分對象，不看對方的身分，都用一樣的口氣說話，是一種幼稚無知的表現。雖然身分不同不會妨礙人際交流，比如下級對上級、晚輩對長輩、學生對老師、普通人對於有名氣地位的人等，不必表現得屈從、逢迎，但在言談舉止上有必要表現得更加尊重一些。

在不是十分嚴肅隆重的場合，身分較高的人對身分較低的人說話越隨和風趣越好，而身分較低的人對身分較高的人說話則不宜太過隨便，尤其在公眾場合，說話要恰如其分地把握好自己與聽者的身分差別。

三、注意對方的地位

地位是個人在團體組織中擔負的職位和在社會關係中所處的位置。個人的社會地位不同，就會有不同的人生經歷、職責和交際目的，對口才表達也會產生不同的需求。

美國軍隊中規定，凡是軍人不能蓄長髮。而黑格爾將軍在擔任北約部隊的總司令時，卻蓄著一頭長髮。有一名留長髮的士兵，看到報上登載著一頭長髮的黑格爾將軍的照片，就把它撕下來，貼在不允許他留長髮的連長辦公室門上。為了表示抗議，他還畫了個箭頭，並在旁邊配了一行小字：「請看他的頭髮！」

連長看了這份別出心裁的抗議後，並沒立即把這個憤憤不平的士兵叫來訓斥，而是將那箭頭延長到總司令的肩章處，並也加了一行小字：「請看看他的軍銜！」

這個士兵只想和黑格爾攀比頭髮，因而憤憤不平，卻沒考慮到兩者的身分和地位的懸殊差異，連長則不失時機地提醒了他。

清朝乾隆皇帝有一次到鎮江金山遊覽，當地的方丈派了一個能說會道的小和尚做嚮導。當乾隆皇帝上山時，小和尚邊走邊說：「萬歲爺步步高升。」

乾隆聽了很高興。一會兒，下山了。乾隆皇帝有意試試小和尚的口才，便問：「你在上山時說我步步高升，現在你看我怎樣？」小和尚不假思索，立即答道：「萬歲爺後步更比前步高！」

下山時後面的腳當然比前一隻腳要高，所以也暗含著「步步高升」的意思。這個小和尚能注意說話對象的身分地位恰當用語，體現了他隨機應變的智慧。

四、注意對方的性格特徵

性格又稱性子或脾氣，是對人、對事的態度和行為方式所表現出來的心理特徵。一個人的性格特徵通過自身的言談舉止、表情等流露出來，如：那些快言快語、舉止簡捷、眼神鋒利、情緒易衝動的人，往往是性格急躁的人；那些直率熱情、活潑好動、反應迅速、喜歡交往的人，往往是性格開朗的人；那些表情細膩、眼神穩定、說話慢條斯理、舉止注意分寸的人，往往是性格穩重的人；那些口出狂言、自吹自擂、好為人師的人，往往是性格驕傲自負的人；那些懂禮貌、講信義、實事求是、心平氣和、尊重別人的人，往往是性格謙虛謹慎的人。

對於這些不同性格的人，和他們說話時要具體分析，區別對待。如他喜歡婉轉的，就說流利的話；他喜歡亢直的，就說激切的話；他喜歡學問的，就說高遠的話；他喜歡家常的，就說淺近的話；他喜歡誠懇的，就說樸實的話。說話方式與對方性格相投，自能一拍即合。

五、區別對方的知識水準

與人說話要區別聽話人的文化知識水準。知識水準與人的經歷、職業、文化教養等是緊密相關的。

江蘇省語言學會成立之時，蔣禮鶴教授受浙江省語言學會的委託向學會表示祝賀。他是這樣說的：「今天我受浙江省語言學會的委託，到這裏來祝賀。江浙是兄弟之邦。從龔自珍和段玉裁來說，江蘇還是浙江的『外公』，我來向『外公』祝賀。現在祝賀『外公』健康長壽！」

這幾句話中，蔣禮鶴引用了有關的歷史名人。段玉裁是清代著名文學家，龔自珍是段玉裁的外孫，也是個著名的文學家。由於在座的都是語言學工作者，對於段玉裁和龔自珍的這層關係都是了解的。所以，蔣禮鶴這幾句就對方的知識水準而說的話，說得十分得體。

六、考慮對方的語言習慣

說話要考慮感情、褒貶、民族、時代、地域等問題，不可大意。如中文說某人「壯得像頭牛」，英語則說「壯得像匹馬」，就是語言習慣的問題。

例如，有個牧師想翻譯《聖經》給非洲居民讀，可是譯到「你們的罪惡雖然是深紅的，但也可以變成像雪一樣白」的時候，難題就出現了。因為熱帶的土人，根本不知道雪是什麼東西，雪的顏色和煤的顏色有什麼不同。後來，牧師從椰子得到啟發，把這句話改譯成「你們的罪惡雖然是深紅的，但也可以變成像椰子肉一樣白」，這樣，非洲居民就懂了。把「罪惡可以變成像雪一樣白」譯成「罪惡可以變成像椰子肉一樣白」，這正是考慮到了對方的語言習慣。

七、顧及對方的興趣愛好

興趣是一個人力求認識、掌握某種事物，並經常參加該種活動的心理傾向。說話時，需要顧及對方對事物的興趣，順著他的心理傾向，如對一位潛心研究學問的學者就不能談「股票」、「生意經」；對一位經商的人就不能談「治學之道」。一個具有敬業精神、勇於開拓創造的人，喜歡聽事業、工作方面的具體指導和建議；一個生活困難、窮困潦倒的人喜歡聽到扶貧濟困、發財致富的資訊。

不同的興趣有不同的「興奮點」，興趣相投的人聚在一起交談，可以激發出話題焦點的「火花」，進而產生思想感情的共鳴。

麵包商圖維一直試著將麵包賣到紐約某家大飯店，可連續四年都失敗了，最後圖維決定改變策略。他打聽到該大飯店的經理是「美國招待者協會」的主席，於是不論該協會在何處舉行活動，他都必定去出席。當圖維再次見到經理時，就和他談論他的「美國招待者協會」，這一下打開了經理的話匣子，反應異乎尋常。經理在圖維離開辦公室之前，「賣」給了他一張協會的會員證，圖維隻字未談麵包銷售之事。幾天以後，飯店的人主動打電話要他們送麵包樣品和報價單。

四年努力未成，一朝交談得手，全在於投其所好的功勞。

5．說話要注意場合

魯迅先生有一篇散文《立論》，非常生動地揭示了說話應注意場合的特點：

一家人家生了一個男孩子，闔家高興透了。滿月的時候，抱出來給客人看——自然是想討點好兆頭。一個人說：「這孩子將來要發財的。」他於是得到一番感謝。一個人說：「這孩子將來要做官的。」他於是收回幾句恭維。一個人說：「這孩子將來是要死的。」他於是得到一頓大家合力的痛打。

在這篇故事性的散文裏，孩子滿月是喜事，主人這時願意聽讚美之詞，儘管是信口之言；而說孩子將來必死確是有據之言，卻使主人反感。因為在輕鬆的場合裏言語也要輕鬆，在熱烈的場合裏言語也要熱烈，在清冷的場合裏言語也要清冷，在喜慶的場合裏言語也要喜慶，在悲哀的場合裏言語也要悲哀。雖然人都逃不了一亡，但對剛出生的人來說，這話不但掃興也含有傷人之意味。

說話要注意場合。不看場合，隨心所欲，信口開河，想到什麼說什麼，這是愚者的表現。人，總是在一定的時間、一定的地點、一定的條件下生活，在不同的場合，面對著不同的人、不同的事，從不同的目的出發，就應該說不同的話，用不同的方式說話，這樣才能收到理想的效果。

6．社交場合說好第一句話

在日常生活中，最令人關心的，莫過於「如何與別人交往」這件事；而在人際交往中，最令人花費心思的，又莫過於「如何與人交談」這件事。

社會交往是人生活中的主要內容，與人初次見面的第一句話是留給對方的第一印象，這第一句話說好說壞，關係重大。說好第一句話的關鍵是：親熱、貼心、消除陌生感。常見的有這樣三種方式。

一、攀認式

在赤壁之戰中，魯肅見諸葛亮的第一句話是：「我，子瑜友也。」子瑜，就是諸葛亮的哥哥諸葛瑾，是魯肅的同事和摯友。短短的一句話就定下了魯肅跟諸葛亮之間的交情。其實，任何兩個人，只要彼此留意，就不難發現雙方有著這樣或那樣的「親」「友」關係。例如：

「你是清大的畢業生，我曾在清大進修過兩年。說起來，我們還是校友呢！」

「您是出版界的老前輩了，我老公可是個書蟲；您我真是「近親」啊！」

二、敬慕式

對初次見面者表示敬重、仰慕，這是熱情有禮的表現。用這種方式必須注意：要掌握分寸，恰到好處，不能亂吹捧，不說「久聞大名，如雷貫耳」一類的過頭話。表示敬慕的內容應因時因地而異。例如：

「您的大作我讀過多遍，受益匪淺。想不到今天竟能在這裏一睹作者的風采！」

「今天是教師節，在這光輝的節日裏，我能見到您這位頗有名望的教師，真令人感到不勝榮幸。」

三、問候式

「您好」是向對方問候致意的常用語。如能因對象、時間的不同而使用不同的問候語，效果則更好。對德高望重的長者，宜說「您老人家好」，以示敬意；對年齡跟自己相仿者，稱「老×（姓），您好」，顯示親切；對方是醫生、教師，說「李醫師，您好」、「王老師，您好」，有尊重的意味。

說好第一句話，僅僅是良好的開始。要談得有味，談得投機，談得其樂融融，有兩點還要引起注意：

第一，雙方必須確立共同感興趣的話題 有人以為，素昧平生，初次見面，何來共同感興趣的話題？其實不然。生活在同一時代、同一國土，只要善於尋找，何愁沒有共同語言？一位小學教師和一名泥水匠，兩者似乎是話不投機的。但是，如果這個泥水匠是一位小學生的家長，那麼，兩者就如何教育孩子各抒己見，交流看法，如果這個小學教師正在蓋房或修房，那麼，兩者可就如何購買建築材料，選擇修造方案溝通資訊，切磋探討。

只要雙方留意、試探，就不難發現彼此有對某一問題的相同觀點，某一方面共同的興趣愛好，某一類大家關心的事情。有些人在初識者面前感到拘謹難堪，只是沒有發掘共同感興趣的話題而已。

第二，注意了解對方的現狀　要使對方對你產生好感，留下不可磨滅的深刻印象，還必須通過察言觀色，了解對方近期內最關心的問題，掌握其心理。

例如，知道對方的子女今年高考落榜，因而舉家不歡，你就應勸慰、開導對方，說說「榜上無名，腳下有路」的道理，舉些自學成才的實例。如果對方子女決定明年再考，而你又有自學、高考的經驗，則可現身說法，談談高考復習需要注意的地方，還可表示能提供一些比較有價值的參考書。在這種場合，切忌大談榜上有名的光榮。即使你的子女考入了名牌大學，也不宜宣揚，不能津津樂道、喜形於色，以免讓對方感到臉上無光。

7．不同場合下的不同用語

緊眨眼，慢張口。不同場合有不同的說話尺度。沉痛、悲哀、憂戚、肅穆性的語言，只能出現在奔喪、弔唁、追悼會等場合；莊重、嚴肅性的語言，只能出現在會議等場合；愉悅、歡快、祝賀、頌揚性的語言，只能出現在剪綵、喬遷、結婚、慶功等場合；輕鬆、隨和、自由性的語言，只能出現在私人交談等場合；寬慰、祝願、企望、仰慕性的語言，只能出現在探病、拜望、問安等場合。

應邀參加某種娛樂時——

「如果還有空額，我希望有加入的榮幸機會。」

好友重逢時——

「××先生，很高興又見面了。」

如何表示歉意——

撥錯電話時：「對不起，打錯了。」

疾走時撞了他人：「對不起，我不是有意的。」

如何接受讚美——

對方說：「你早上所提的建議真好。」

「你今天早上看起來特別靚麗清爽。」

回答：「謝謝，你真客氣。」

何時說請——

對你的另一半說：「週日我要請老闆吃飯，請幫我一起接待他。」

對出租司機說：「請送我到國際機場。」

對飯店出納員說：「請給我301房的帳單。」

對祕書說：「請你把這份資料傳真給大眾公司的張經理，另一份給東風商社。」

對餐廳的服務員說：「請給我菜單。」

對公司副經理說：「請注意董事會對我們的計畫中的第二段批評，相當重要喲。」

表示對朋友的關心——

「瑪麗，你的病好些了嗎？」

「安東，我聽說你們的公司已經打入美國市場了，好好幹吧！」

「霍克，早上的會議多虧你提了個好建議，真是不勝感激！」

禮貌逐客時——

「很抱歉，我還有另一個會議，幾分鐘前就開始了。」

「真對不起，我現在必須趕到機場，去接一個朋友。」

「這次見面獲益匪淺，希望再次見到你。」

「謝謝您的光臨，一旦有結果，我會馬上告訴您。」

「真抱歉，我必須結束這次面談，因為我還有約，但我希望能有機會完成這次面談，現在我必須馬上趕回辦公室去。」

想求得他人幫助時——

「我剛才發言的聲音是不是有些不自然？」

「我的手握起來是不是濕濕的？」

「早上彙報時，我是不是說了不少廢話，是不是應該更簡練些？」

「明天我要去定做一套西服，您能不能陪我一起去，當場給我一點意見？」

需要下屬加班時——

「我實在很不願意讓你留下來加班完成這項工作，不過你是我唯一能夠信任的人，所以請你務必幫忙。但我保證，對於今晚所造成的不便，我日後一定會有所補償。」

「請完成這份工作。這樣要求你實在很抱歉，非常謝謝你的幫忙。」

拒絕別人是件不容易的事。

有人說：「求人辦事固然是一件難事，而當別人求你辦事，你又不得不拒絕的時候，也是叫人頭痛萬分的。因為每一個人都希望得到別人的重視，同時我們也不希望給別人帶來不愉快，所以也就很難說出拒絕別人的話。」

簡單生硬地說「不」，不叫拒絕，拒絕是要講究技巧的：既要拒絕對方的不適當的要求，又不能傷害對方的自尊，同時又不能損害彼此的正常關係，因此，拒絕別人並不是件容易的事。

8．多在背後讚美他人

德國歷史上的「鐵血宰相」俾斯麥為了拉攏一位敵視他的議員，便有計劃地在別人面前說那位議員的好話。俾斯麥知道，那些人聽了自己對議員說的好話後，一定會把他的話傳給那位議員。後來，俾斯麥和那位議員成了無話不說的朋友。

人往往喜歡聽好聽的話，即使明知對方講的是奉承話，心裏還是免不了會沾沾自喜，這是人性的弱點。一個人聽到別人說自己的好話時，絕不會感到厭惡，除非對方說得太離譜了。作為一門學問，說好話的奧妙和魅力無窮，然而，最有效的好話還是在第三者面前說。

設想一下，若有人告訴你，某某在背後說了許多關於你的好話，你能不高興嗎？這種好話，如果是在你的面前說給你聽的，或許適得其反，讓你感到很虛假，或者疑心對方是否出於真心。為什麼間接聽來的便會覺得特別悅耳動聽呢？那是因為你堅信對方在真心地讚美你。

當你直接讚美對方時，對方極可能以為那是應酬話、恭維話，目的只在於安慰自己。要是通過第三者來傳達，效果便會截然不同。此時，當事者必定認為那是認真的讚美，沒有半點虛假，從而真誠接受，還對你感激不盡。

卡爾上初中後，由於受他父親去世的影響，學習成績逐漸下降。他的媽媽蘇珊想方設法幫助他，但是她越是想幫兒子，兒子卻離她越遠，不願和她溝通。卡爾學期結束時，成績單上顯示他已經缺課95次，還有6門考試不及格。

這樣的成績預示著他極有可能連初中都畢不了業。蘇珊想了很多辦法，比如帶他到學校的心理老師那裏去諮詢、軟硬兼施、威脅、苦口婆心地勸他，甚至乞求他，但是，這一切都無濟於事。卡爾依然我行我素。

一天，正在上班的蘇珊，接到一個自稱是卡爾學校的心理輔導老師的電話。老師說：「我想和你談談卡爾缺課的情況。」

老師剛說了這一句，不知為什麼，蘇珊突然有一種想傾訴的衝動。於是她坦率地把自己對卡爾的愛，對他在學校裏的表現所產生的無奈，她自己的苦惱和悲哀，毫無保留地統統向這個從未謀面的陌生人一吐為快。

蘇珊最後說：「我愛兒子，我不知道該怎麼辦。看他那個樣子，我知道他還沒有長大，他是一個好孩子，只要他努力，他會學出好成績，我相信他，我的兒子是最棒的！」

蘇珊說完以後，電話那頭一陣沉默。然後，那位心理輔導老師嚴肅地說：「謝謝你抽時間和我通話。」說完便掛上電話。

卡爾下一次的成績單出來了，蘇珊高興地看到他學習有了明顯的進步。後來卡爾一躍成為班上的前幾名。

一年過去了，卡爾升入了高中，在一次家長會上，老師介紹了他怎樣從後段班轉為名列前茅的轉變過程，還誇獎蘇珊教子有方。

回家的路上，卡爾問蘇珊：「媽媽，還記得一年前那位心理輔導老師給您打的電話嗎？」蘇珊點了點頭。

「那是我。」卡爾承認說，「我本來是想和您開個玩笑的。但是我聽見了您的傾訴，心裏很難過。我就想，是我傷了您的心。這使我很震驚。那時候我才意識到，爸爸去世了，您多不容易啊！我必須努力，再也不能讓您為我操心了，我下定決心，一定要讓您為有我這個兒子而驕傲。」

卡爾的一席話，使蘇珊的心裏頓時充滿了溫暖。

請多多和孩子溝通與交流，讓彼此的心靈不再遙遠。如果你對孩子有什麼看法和建議，不妨找個機會開誠布公地談一次。

又如，當下屬的人，平時上司在自己面前說了很多勉勵的話，但還是沒有多大感觸，但當有一天從第三者的口中聽到了上司對自己的讚賞後，深受感動，從此更加努力工作，以報答上司對自己的「知遇」之恩。

多在第三者面前去說一個人的好話，是使你與那個人關係融洽的最有效的方法。假如有一位陌生人對你說：「某某朋友經常對我說，你是位很了不起的人！」相信你感動的心情會油然而生。那麼，要想讓對方感到愉悅，就更應該採取這種在背後說人好話的策略。因為這種讚美比起一個魁梧的男人當面對你說「先生，我是你的崇拜者」更讓人舒坦，更容易讓人相信它的真實性。這種方法不僅能使對方愉悅，更具有表現出真實感的優點。

9．保全別人的面子，善為別人解圍

「面子」在中國有著特殊的意義，這是由幾千年的傳統文化和風俗習慣所造成的。中國人所講的「臉面」，其複雜含義比我們所能描述的或者所能理解的還要多。

俗語說：「人活臉，樹活皮。」如果你不打算給別人留面子，那麼也請想想自己被如此對待的心境吧！每個人都力圖保住自己的面子，這關係到自己的尊嚴和地位。如果無情地駁掉了別人的面子，傷害了別人的自尊心，抹殺了別人的感情，肯定是要遭到別人的同樣對待的。相反，如果在做事情的過程中，你給對方留足了面子，則對方也同樣會為你保存面子。

有個叫勞利的推銷員，供職於紐約的一家木材公司。多年來，他與那些冷酷無情的木材審察員打交道，常常發生口角。雖然他經常是勝利者，但公司卻不得不一次次為此賠錢。一天早上，一個人急躁不安地在電話裏通知他，說運去的一車木材都不合格，審查員已停止卸貨，要求勞利立即把貨從他們的貨場運回去。原來是在木材卸下¼時，木材審察員報告說這批木材的品質低於標準50％，鑒於這種情況，他們拒絕接收木材。

在通常情況下，他總會找來判別木材檔次的標準規格據理力爭，根據自己多年的工作經驗與知識，力圖使對方相信這些木材已達到了標準。

然而，這一次他決定改變一下做法。他打算用新近學會的「說話」方法去處理這個問題。勞利趕到場地，看見對方的審查員一副揶揄神態，擺開架勢準備吵架。勞利走到卸了一部分木材的貨車旁，詢問是否可以繼續卸貨，這樣他可以看一下情況到底怎樣。勞利還讓審查員像剛才做的那樣把要退回的木材堆在一邊，把好的堆在另外一邊。

觀察了一會兒，勞利發現，對方的審查過分嚴格，標準上出了問題。這種木材是白松，而審察員顯然對硬木很在行卻不懂白松木。白松木恰好是勞利的專長，不過勞利一點也沒有表示反對對方的木材分類方式，他只是一邊觀看一邊問幾個小問題。勞利提問時顯得非常友好、合作，並告訴審查員說他們完全有權利把那些他們認為不合格的木材挑出來。這樣一來審查員變得友好一些了，他們之間的緊張開始消除。漸漸地，審查員整個態度都改變了，他終於承認自己對白松毫無經驗，開始對每一塊木料重新審查並徵求勞利對此的看法。

結果如何呢？對方不但接收了全部木材，而且沒有產生任何不快。勞利拿到了全部貨款的支票了。

勞利的故事讓我們知道，你對別人尊重，別人自然會尊重你，你給別人留夠了面子，別人自然會同樣地對待你。

佛界有一幅名聯：「大肚能容，容天下難容之事；開懷大笑，笑世間可笑之人。」在社會交往中，人與人之間經常會發生一些矛盾，有的是由於認識水準不同，有的是因為一時的誤解造成的。如果人們都能大度一些，會使矛盾緩和，積怨消除，並贏得良好的友誼。很多時候，對和錯是沒有多大意義的，相比之下，保住別人的面子，給別人一個臺階可下則更為重要。

「面子」是一件很重要的事，俗話說「士可殺，不可辱」就是這樣一個道理。中國人在交往過程中最看重的是「和」，「以和為貴」，和氣才能生財。如果你處處不給人留面子，別人就會對你心存怨恨，也會不顧及你的情面，讓你處處受阻。如果你保全了別人的面子，那結果就會大不一樣。這樣的你走到哪裏，都會隨時隨地受到別人的歡迎。香港首富李嘉誠就說過：「我只有對手，沒有敵人。」

第七章

人生就是要有良好的心態

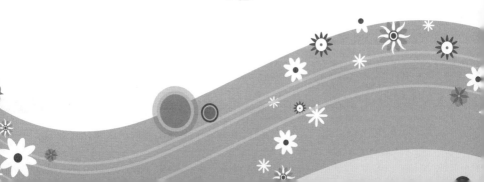

不管你承不承認，生活對我們每個人都是公平的，人們只是因為心態的不同，而造就了人生的不同。把握好你的心態，心態決定一切不是不切實際的妄言，而是自己主宰自己的有效保障。

為什麼有些人就是比其他的人更成功，賺更多的錢，擁有不錯的工作、良好的人際關係、健康的身體，整天快快樂樂地過著高品質的人生？似乎他們的生活就是比別人過得好。而許多人忙忙碌碌地勞動卻只能維持生計。其實，人與人之間並沒有多大的區別。但為什麼有許多人能夠獲得成功，能夠克服萬難去建功立業，有些人卻不行？

不少心理學專家發現，這個祕密就是人的「心態」。一位哲人說：「你的心態就是你真正的主人。」一位偉人說：「要麼你去駕馭生命，要麼是生命駕馭你。你的心態決定誰是坐騎，誰是騎師。」

1．謹慎地對待每一件小事情

父子倆一同穿越沙漠。在經歷了漫長的跋涉之後，他們都疲憊不堪，乾渴難忍，每邁出一步都異常艱難。這時父親看到黃沙中有一枚馬蹄鐵在陽光的照耀下閃閃發光——那是沙漠先驅者的遺留品。

父親對兒子說，撿起它吧，會有用的。兒子抬起失神的眼睛，看了看一望無際的沙漠——有什麼用呢？兒子搖搖頭。於是，父親什麼也沒說，只是彎腰拾起了馬蹄鐵，繼續前行。

終於他們到達了一座城堡，父親用馬蹄鐵換了200顆酸葡萄。當他們再次跋涉在沙漠中遭遇乾渴時，父子倆吃上了酸葡萄。

一件你不屑一顧的小事——或許就是你的機遇。

哪怕是一件小事——你也不應該忽視。

行為本身並不能說明自身的性質，而是取決於你在行動時的精神狀態。工作是否單調乏味，往往取決於我們做它時的心境。

每一件事情對人生都具有十分深刻的意義。泥瓦匠們在磚塊和砂漿之中看出詩意；圖書管理員們經過辛勤勞動，在整理書籍時感覺到自己已經取得了一些進步；學校的老師們對按部就班的教學工作從未感到過絲毫的厭倦，他們一見到自己的學生，就變得非常有耐心，所有的煩惱都拋到了九霄雲外。

如果只用別人的眼光來看待我們的工作，僅用世俗的標準來衡量我們的工作，工作或許沒有任何吸引力和價值可言。

從外面觀察一個大教堂的窗戶，那裏面佈滿了灰塵，光華已逝，只給人一種單調和破敗的感覺。一旦你跨過門檻，走進教堂，立刻可以看見絢爛的色彩、清晰的線條。陽光透過窗戶在奔騰跳躍，形成了一幅幅精彩的圖畫。

人們通常在認識事物時是有局限的，必須從內部去觀察才能看到事物的真正本質。有些工作只從表像上去看是不能認識到其意義所在的。每個人只有從工作本身去理解工作，將它看作是人生的權利和榮耀，才能保持自己個性的獨立。

不要小看自己所做的每一件事，即便是最小的一件，也應該全力以赴、盡職盡責地去完成。小事情的順利完成，有利於大事情的順利達成。只有一步一個腳印地向上攀登，才不會輕易跌落，工作真正的能量就蘊藏在其中。

2．要相信只有自己才能救自己

在成功者的字典裏，是絕沒有「絕望」一詞的，因為他們不會輕易地否定自己，只知道等待自己的終將是希望，即使許多事情似乎已經到了絕望的邊緣，他們也會冒險拼搏一下，為自己挖掘生存的希望。

這裏有一個放牛娃絕處逢生的故事，它告訴人們即使是在最絕望的時候也要扼守住最後的希望，並去做最後的拼搏和冒險，這樣，就會多給自己一次機會。說不定，會因此而獲得一個嶄新的人生。

一天，放牛娃上山砍柴，突然遇到老虎的襲擊，放牛娃嚇壞了，抓起鐮刀就跑。然而，前方已是懸崖！老虎卻不斷向放牛娃逼近。為了生存，放牛娃決定和老虎一決高下。就在他轉過身面對張開血盆大口的老虎時，不幸一腳踩空，向懸崖下跌去。

千鈞一髮之際，求生的本能使放牛娃抓住了半空中的一棵小樹。這樣就能夠生存了嗎？上面是虎視眈眈、饑腸轆轆的老虎，下面是陰森恐怖的深谷，四周到處是懸崖峭壁，即使來人也無法救助。吊在懸崖中的放牛娃明白了自己的處境後，禁不住絕望地大哭起來。

這時，他一眼瞥見對面山腰上有一個老和尚正經過這裏，便高喊「救命」。老和尚看了看四周的環境，歎息了一聲，衝他喊道：「老衲沒有辦法呀，看來，只有你自己才能救自己啦！」

放牛娃一聽這話，哭得更厲害了：「我這副樣子，怎麼能救自己呢？」

老和尚說：「與其那麼死揪著小樹等著餓死、摔死，不如鬆開你的手，那畢竟還有一線希望呀！」說完，老和尚歎息著走開了。

放牛娃又哭了一陣，還罵了一陣老和尚見死不救。天快要黑了，上面的老虎算是盯準了他，死活都不肯離開。放牛娃又餓又累，抓小樹的手也感到越來越沒有力量了。怎麼辦？放牛娃又想起了老和尚的話，仔細想想，覺得他的話也有道理。是啊，這麼下去，只能是死路一條，而鬆開手落下去，也許仍然是死路一條，但也許就會獲得生存的可能。既然怎麼都是個死，不如冒險試一試。

於是，放牛娃停止了哭喊，他艱難地扭過頭，選擇跳躍的方向。他發現萬丈深淵下似乎有一小塊綠色，會是草地嗎？如果是草地就好了，也許跳下去後不會摔死。他告訴自己：「怕是沒有用的，只有冒險試一試，才能獲得生存的希望。」

他咬緊牙關，在雙腳用力蹬向絕壁的一剎那鬆開了緊握小樹的手。身體飛快地向下墜落，耳邊有風聲在呼呼作響，他很害怕，但他又告訴自己必須瞪大眼睛選擇落腳的地點。奇蹟出現了——他落在了深谷中唯一的一小塊綠地上！

後來，放牛娃被鄉親們背回家養傷。二年以後，他又重新站立了起來！放牛娃用自己的經歷告訴人們，絕處也能逢生。只要你不放棄希望，不放棄努力，就有可能獲得重生的機會。

不要輕易地就對生活絕望，把災難當做一所學校，把逆境當成養份，敢於為自己冒一個大險，結果可能是你抓住了機遇，營造了生命的春天。

懷有勇敢的拼搏精神，不對命運服輸，不承認世界上有絕望之說，始終扼守著最後的希望，於絕望之處挖掘出希望來。這也許就是許多人做事成功的祕訣吧。

3．有一點精衛填海的做事精神

太陽神炎帝有一個小女兒，名叫女娃，長得非常聰明可愛，是他最鍾愛的女兒。炎帝不僅管太陽，還管五穀和藥材。他事情很多，每天一大早就要去東海，指揮太陽升起，直到太陽西沉才回家。

炎帝不在家時，女娃便獨自玩耍，她非常想讓父親帶她到東海太陽升起的地方去看一看。可是父親忙於公事，總是不帶她去。這一天，女娃實在無聊之極，姐姐妹妹也都不在家，於是她便一個人駕著一隻小船向東海太陽升起的地方畫去。

不幸的是，半路上颳起了風暴，風濤掀捲起來，湧動著排天的巨浪，眨眼間，像山一樣高的波濤奔騰呼嘯著從四面合攏，女娃掙扎著，努力不讓小船被海水吞沒，可是猙獰兇狠的巨浪還是打翻了女娃的小船，女娃被無情可怖的大海吞沒了，永遠回不來了。炎帝痛失愛女，心中無比悲痛，但他卻不能用醫藥來使她死而復生，甚至無法為她復仇，也只有獨自神傷嗟歎。

女娃死後，她的靈魂依然不肯散去，最後化作了一隻小鳥，花腦袋，白嘴殼，紅腳爪，發出「精衛、精衛」的悲鳴，所以，人們叫她「精衛」。

精衛痛恨無情的大海奪去了自己年輕的生命，她要報仇雪恨。因此，她一刻不停地從她住的山上銜一粒小石子，或是一段小樹枝，展翅高飛，一直飛到東海。她在波濤洶湧的海面上回翔悲鳴著，把石子樹枝投下去，想把大海填平。

大海奔騰著，咆哮著，狂傲地嘲笑她：「笨鳥兒，算了吧，我是世間最強大的力量，誰也打不敗我的！你這工作就是幹一百萬年，也休想把我填平。」

精衛在高空答覆大海：「哪怕是幹上一千萬年、一萬萬年，直到宇宙的盡頭，世界的末日，我也要把你填平！」

「你為什麼這麼恨我呢？」

「因為你奪去了我年輕的生命，你將來還會奪去許多年輕無辜的生命。我要永無休止地幹下去，總有一天會把你填成平地。」

精衛鳥迎著長風，借助長風的力量；迎著流雲，借助流雲的速度；迎著暴雨，借助暴雨的衝擊；迎著雷霆，借助雷霆的怒吼，日日穿行在大山和東海之間，不將大海填平誓不甘休！她向大海投去憤怒，也投去了生命和青春！

後來，精衛和海燕結成了夫妻，生了許多小鳥，雌的像精衛，雄的像海燕。小精衛和她們的媽媽一樣，日日銜石填海。直到今天，她們還在做著這種工作。

人們同情精衛，欽佩精衛，把牠叫做「冤禽」、「誓鳥」、「志鳥」、「帝女雀」，並在東海邊上立了個古蹟，叫做「精衛誓水處」。

堅韌不拔，不畏強權，精衛鳥的精神千百年來一直為人們所稱道。

在工作中，總會有困難、挫折和失敗，面對它們，你是絕不放棄，奮勇前進，還是絕望退縮，自甘消沉？不同的選擇導致不同的結果，這就是為什麼有人失敗之後依然能夠站起來，最後走向成功，而有的人卻從此一蹶不振的原因吧！從絕望中尋找希望，人生終將輝煌！

4・堅信不幸只是過客

生命並不是一帆風順的幸福之旅，而是時時在幸與不幸、沉與浮、光明與黑暗之間的模式裏擺動的。面對種種的不幸，只有一個方法——就是接受它。心理學家威廉・詹姆斯提出忠告：「要樂於接受必然發生的情況，接受所發生的事實，是克服隨之而來的任何不幸的第一步。」

事情既然如此，就不會另有他樣。在漫長的歲月中，人們一定會碰到一些令人不快的情況，它們既是這樣，就不可能是他樣。人們也可以有所選擇，可以把它們當做一種不可避免的情況加以接受，並且適應它，或者可以用憂慮來毀了我們的生活和工作，甚至最後可能會被弄得精神崩潰。

當人們的生活和工作被不幸的遭遇分割得支離破碎的時候，只有時間可以把這些碎片撿拾起來，並重新撫平。要給時間一個機會，在你剛剛受到打擊的時候，整個世界似乎停止運行，而你的苦難也似乎永無止境。

這不是說，在碰到任何挫折的時候，都應該低聲下氣，那樣就成為宿命論者了。不論在哪一種情況下，只要還有一點挽救的機會，你都要奮鬥。但是當普通常識告訴你，事情是不可避免的——也不可能再有任何轉機時——就應該保持理智，不要「左顧右盼，庸人自擾」。

(1) 當你「不幸」遇到不幸時，你可以這樣做：
(2) 先試著接受這不可避免的事實；
(3) 讓時間去治療你的傷痛；
(4) 採取一些行動，改變你的困境；
(5) 充分堅定信心，因為不幸只是過客。
(6) 揮揮手，向不幸告別；如果你沉迷了，那不幸只能陪在你的身旁，做你永遠的伴侶了。

有人說，「偶然的失敗不會使我心灰意冷」。但要是你做了一項成功性本來極小、而且失敗不斷出現的事情的時候，你還會不會堅持下去呢？

厄運對人的刺激往往比較強烈，並伴隨著心理、生理活動不同程度地捲入，因而會給人以深刻的印象。尤其是給人帶來陰影的東西，更會使人感到時時被它所糾纏。然而，事情如果已經發生，那就應當面對它，尋找解決的辦法；如果已經過去，那就應當丟開它，不要老是把它保留在記憶裏，更不要時時盯住它不放。痛苦的感受猶如泥濘的沼澤地，你越是不能很快從中脫身，它就越可能把你陷住，越陷越深，直至不能自拔。

5．不要停止前進

新聞界的「拿破崙」——倫敦《泰晤士報》的大老闆諾思克利夫爵士，最初在他每月只能拿到80元的時候，對自己的處境非常不滿。後來，《倫敦晚報》和《每日郵報》皆為他所有的時候，他還是感到不滿足。直到他得到了倫敦《泰晤士報》之後，他才稍稍覺得有點滿足。他對於那些自我滿足的人是很反感的。

有一次，他在一個他從未見過的助理編輯的辦公桌前停下來，和那個助理編輯聊了起來：「你到這裏來有多久了？」

「將近三個月了。」那個助理答道。

「你覺得怎麼樣？你喜歡你的工作嗎？對我們的辦事流程熟悉了嗎？」

「我很喜歡我現在的工作，而工作也漸漸上手了。」

「那你現在的薪水是多少？」

「一星期5英鎊。」

「你對現在的狀況滿意嗎？」

「很滿意，謝謝您。」

「啊，但是你要知道，我可不希望我的職員一星期只拿了5英鎊，就覺得很滿足了。」

世界上真不知道有多少人一輩子都一事無成，原因就是因為他們太容易滿足了！找到了一份穩定的工作，終其一生總是拿那麼一點點薪水，每天總是做著同樣的事情，一直到死。而他們竟以為人的一生所能獲得的東西也就只能有這麼多了。

大人物不喜歡聽別人的奉承，他們只是以批判的態度來審視自己，把他們現在的地位和他所期待的狀況來進行比較，並因此激勵自己不斷努力。

「現在的自己，永遠是有待完成的！」格斯特的這句話說的便是這個意思。格斯特經常在報紙上發表詩作，是深受全世界讀者喜愛的一個詩人。他之所以會成功，很大一部分原因就是他能常常向上望著他理想中的自我，而不滿足於現實中的自我。

6．全力以赴，堅持到底

任何成功都必須全力以赴，堅持到底，否則你永遠無法得到你想要的一切。

亨利·福特在成功之前因失敗而破產過5次。邱吉爾直到62歲才成為英國首相，那時他已經歷過無數次失敗和挫折了。他最偉大的貢獻是在他成為「年長公民」後完成的。有18位出版家否決掉了理查·巴哈一萬字的故事《天地一沙鷗》，最後這本書由麥克米蘭出版公司於一九七〇年印行。到了一九七五年，僅在美國一地，這本書便賣出七百萬本。

在成功的過程中，堅毅是無可取代的。但人們時常會發現許多失敗的人都是有特殊天分的，他們擁有許多大好的機會，只因為太快放棄而未能成功，熱情也在一夜之間為懶惰和不耐煩所取代。

堅毅和決心才是使工作完成的關鍵。如果你想成功，你必須堅持到底。

世界上所有的一切都是宇宙有創意的表現，每個人都是宇宙的一部分。只有在我們致力完美時，才會去想我們被創造的原因。只有視人類為神聖的傑作，才能說明每日的奮鬥會使我們變成想要達到的人。

一位哲人說過，任何人都可以數得出一個蘋果裏有多少種子，但只有上帝知道一粒種子裏有多少蘋果。

要想實現夢想必須要行動，而行動必須要有恒心。只有既有行動又有恒心的人，發揮潛能，才能成就偉業，才能完成目標。

從龜兔賽跑的故事中可知，競賽的勝利者之所以是笨拙的烏龜而不是兔子，就是由於兔子在競爭中缺乏持之以恆的精神。因而，恒心和毅力對想獲得事業成功的人來說，是必備的條件。

半途而廢，淺嘗輒止，發揮潛能的願望永遠只能是夢。

7．想進步就必須做得更多更好

伍迪・艾倫說過，「生活中90％的時間只是在混日子。大多數人的生活層次只停留在：為吃飯而吃、為搭公車而搭、為工作而工作、為了回家而回家。他們從一個地方逛到另一個地方，事情做完一件又一件，好像做了很多事，但卻很少有時間從事自己真正想完成的目標。就這樣，一直到老死。我猜想很多人臨到退休時，才發現自己虛度了大半生，剩餘的日子又在病痛中一點一點地流逝。」

成大事者與不成大事者之間的距離，並不如大多數人想像的是一道巨大的鴻溝。成大事者與不成大事者只差別在一些小小的動作：每天花5分鐘閱讀、多打一個電話、多努力一點、在適當時機的一個表示、表演上多費一點心思、多做一些研究，或在實驗室中多試驗一次。

在實踐理想時，你必須與自己做比較，看看明天有沒有比今天更進步——即使只有一點點。

(1) 只要再多一點能力；
(2) 只要再多敏捷一點；
(3) 只要再多準備一點；
(4) 只要再多注意一點；
(5) 只要再多培養一點精力；
(6) 只要再多一點創造力。

通常只有遇到實際的狀況後，才能分辨出你的能力足不足以勝任那份工作。如果你是一個外科醫生，動手術時卻手腳笨拙，就說明你醫術不佳；如果你是一個廚師，人們無法知道你廚藝好不好，除非你準備了一頓讓人食不下嚥的餐點。

評斷你能力的最佳裁判不是你的老師、消費者或你的朋友——而是你自己！

8．挑戰成功了你就是榜樣

以登山做例子，在放棄者、半途而廢者和攀登者這三種人中，只有攀登者的生活是全面的。半途而廢者僅僅達到了基本的物質生活，還處於生活的基層，離全面的生活還很遠。但是，攀登者就不一樣了，他們對自己要去幹的事情具有很深刻的目標意識，並且具有很強的熱情。目標和激情無時無刻不引導著他們。

他們知道如何體驗快樂，並且把攀登看做是生活對他們的禮物和恩賜。攀登者知道山的頂峰不一定有最好的風景，但它具有一種誘人的、神祕的力量，而不是單純的一個頂峰，並且整個攀登也充滿了力量。攀登者忘不了那種力量，忘不了整個攀登過程的力量，這是一種超過他們到達目的地的力量。

攀登者明白許多不同的獎賞和收穫，但他們注重的是長期的收益，而不是短期收益。他們知道現在每向前跨一小步，向上攀登哪怕一點距離，在日後都會給他們帶來很大的收穫。這與半途而廢者是完全不同的。攀登者把滿足放在了將來，而不像半途而廢者僅僅對現有滿足，並不敢去面對未來的可能性。

攀登者常常有一種強烈的信念，即相信某些事比他們自身更強大，這些更具有力量的事物正是他們想去征服的。當他們面對那些具有壓倒一切以及巨大威懾的山峰時，這種信念就會讓他們充滿巨大的力量，敢於向最大的危險挑戰，並且這也是他們希望的事情。也正是這種信念使攀登者敢於做別人不敢做的事，像登山一樣，有人已經確定了某些路線是不能走的，但是攀登者並不相信這些，他們偏要從這些路線攀上頂峰，可見，攀登者不僅敢於向可能性挑戰，而且更重要的是，他們敢於向不可能性挑戰。戰勝不可能性，並獲得真正的勝利，這是攀登者最大的特點。

像在珠穆朗瑪峰上一樣，攀登者們都是堅持不懈的、固執的並且也具有極強的體力和恢復能力。他們在進取中不斷排除障礙，找尋攀登的道路。如果他們到了一個絕對無法把握的地方或者走到一條死路上，他們的方法很簡單，就是原路退回。當他們累了，無法再向前跨上一步，他們仍然給自己施加很大的壓力。

「放棄」不屬於攀登者的詞語，他們是離放棄最遠的人。他們具有成熟性，以及理解偶爾的後退不過是為了更好地前進這一哲理。他們擁有超人的智慧，當然明白失敗是進取的很自然的一部分。攀登者並不是蠻幹的，他們那種勇敢的生活無不充滿著真正的勇氣和科學性。他們是生命的探索者，也是成功者。

當然，攀登者也是人。有些時候，他們也會感到厭倦，甚至擔心攀登失敗。他們可能會懷疑或者感到孤獨、受到傷害。他們對自己的行為提出了疑問，有些懷疑自己的挑戰。有時，你會看到他們與半途而廢者混在一起。然而他們之間的不同是，攀登者正在積蓄力量，等待重新恢復活力，並將開始新的攀登，而半途而廢者是不會再去攀登的，他們希望自己就待在這兒。對攀登者來說營地就只是一個營地，而對半途而廢者來說，營地則是溫暖的家。

攀登者善於迎接挑戰，與他們的生活緊緊相連的是一種緊迫意識。他們自我鼓勵，具有很高的精神動力，並且努力奮鬥以獲得生命的輝煌。可以說，攀登者就是行為的催化劑，他們總是讓事情得以發生。

9．儘早發現你自己的優勢

美國精神之父愛默生曾經說過，每個人都是天使。

有一個牧師也這樣講道：「每個人都是從天而降的天使。活在世界上的每個人都要利用上帝給予的獨特恩賜，去發揮自己最大的潛能。」但他不是愛默生，當即就有人指著自己的塌鼻子反問道：「難道天使也有塌鼻子嗎？」另外一位可愛的女士也附和道：「我的跛腳也不會是上帝的創造吧？」

這位牧師微笑地回答說：「上帝的創造是完美的，你們也確實是從天而降的天使，只不過……」他指著塌鼻子的先生說：「你從天而降，但讓鼻子先著地了。」他又指了指跛腳的女士：「你從天而降時，忘記找降落傘了！」

每個人都是天使，不要因為在降落過程的失誤而忘記了人們旅程的目標是傳播愛和快樂。諺語說，上帝在為每一個人關掉一扇門的時候，總是打開了另一扇門。意思就是人人都有天賦，人人都有機遇。天無絕人之路，死有時只不過是一條回歸天堂的道路而已。

所以請不要埋怨自己的弱勢和缺陷，而要把注意力集中在自己的優勢上面，即關注自己所擁有的東西。這些自己擁有的優勢才是你賴以生存和發展的基礎。

天使們個個都不同，有的人掌管愛情，有的人掌管正義。每個人也是一樣，都有一項來自上帝的完美才能。這種才能在使用中，能夠獲得極大的樂趣。

人們常常花上幾十年的時間來從事某項工作，卻很少花上幾個小時考慮自己在這個工作中擁有哪些優勢。優勢或者天賦表現在如果你在持續地做某件事時，你能夠樂在其中，就是說在工作本身中就能夠獲得。

優勢並不一定都是某類工作，他更可能是工作中的某個方面，如做事開拓，謹慎，守紀律或者心細，如做人熱情，威信，包容或者體諒。也可能是自己熱愛的某個價值觀念，如思考、成就、信仰、公正等等。

有這麼一個例子，一個醫生從事本行業幾年了，她每天照顧病人越來越感到心煩，她越來越不願意和病人在一起了。她開始懷疑自己是不是入錯行了。她反思自己，終於明白了，她喜歡照顧病人，只不過不喜歡照顧重病人，因為她對成就有不懈的追求，她喜歡看見自己照顧的病人日漸康復。於是她有意地選擇照顧那些皮膚病者等輕患病人，這樣她的工作變得越來越快樂，她的病人也康復得很快。

優勢在工作中的體現就是樂在工作。有的人以為工作和享受是兩個完全不同的事情，工作是辛苦的，人們不得不從事工作是為了賺錢，而享受無比的快樂，卻是要花錢的。其實樂在工作本身就是一種享受。

10．相信自己是獨一無二的

與你完全相同的人，這世界上沒有。偶爾會有外貌上極其相似的人，但是，卻不會分毫不差地完全一模一樣。正如專家們所指出的：「從遺傳角度看，同一人物根本不可能在人類歷史上第二次出現。」你就是你，在你之前在你之後，不存在第二個你。從這個意義上看，你的確是一個無可替代的存在體。

人類是大自然經過漫長的運作而造就的宇宙間最為高級的傑作之一，確實是一種神祕的存在物。人與人的長處或個性等等各不相同，這幾乎令人難以置信。你或許並不擁有其他人的長處或者個性，不過，反過來你必定擁有只屬於你自己的長處或者個性，其他人則不會擁有屬於你的長處或者個性，你的才能、素質以及能力等等，在地球上乃至整個宇宙間，只屬於你一個人獨有。

所以，你不要拿自己與他人相比較。尤其，與其他人相比而產生自卑感等等的情形，更是荒唐可笑。原本就不一樣的東西是怎麼能夠進行比較呢？為實現自我價值，為取得成功，你必須發揮你的長處以及個性。因此，最重要的是全力投身於自己興趣十足的事業中。

不少在其從事的工作到達巔峰並取得舉世矚目成就的人，都曾經有過一段被別人貶斥的經歷。例如，被人家認定：「你根本不行！」、「你能有什麼才能？」、「得了吧，做下去有什麼結果？」等，備嘗打擊的苦澀。

假如他們接受了別人的這種評估而放棄努力，那就絕不會擁有燦爛的成功光環。但是，他們面對這樣那樣的貶低毫不動搖，始終堅定不移地向著既定目標努力。在苦難中奮力向前跋涉，終於走向了成功。

即使是一個卓絕超群的人，也沒有誰能夠憑藉火眼金睛斷言你將來是否會成功。所以，不必在意周圍人的閒言碎語，你只要沿著自己認定的道路全力向前挺進，那麼在道路的盡頭，成功一定正在等待你。

人在痛苦、絕望的邊緣，根本不會想到自己將來會走向成功、走向幸福。

但是，即使是在最惡劣的處境中，成功與幸福的可能性依舊深深地、靜謐地隱藏在你的體內。

一個人，如果可以明白自己將來要成名於天下的話，那麼，眼前任何深重的苦難他都能忍受。遺憾的是，任何領域任何傑出的人物，都不能夠正確預知自己的未來或者自己獲取成功的才能。

因此，如果有一天，你萬一感到——「絕望啊！」

「徹底完了！」

「我是這世上多餘的一個人！」

「只有死路一條！」等等……

那麼千萬不要灰心喪氣，不要消沉，不要墮落。

你在思考著如何放棄的時候，你的體內依然孕育著未來成功與幸福的種子。千真萬確，你務必牢牢地記住這一點。

11．今天你微笑了嗎？

法國作家拉伯雷說過這樣的話：「生活是一面鏡子，你對它笑，它就對你笑，你對它哭，它就對你哭。」如果你整日愁眉苦臉地生活，生活肯定愁眉不展；如果你爽朗樂觀地對待生活，生活也一定以燦爛回報。所以，既然現實無法改變，當你面對困惑、無奈時，不妨給自己一個笑臉，一笑解千愁。

笑不僅可以解除憂愁，還能提高人體的免疫力，增強體質，治療各種病痛。微笑能加快肺部的呼吸，增加肺活量，能促進血液循環，使血液獲得更多的氧氣，從而更好地抵禦各種病菌的入侵。

生理學家巴甫洛夫說過：「憂愁悲傷能損壞身體，從而為各種疾病打開方便之門，可是愉快能使你肉體上和精神上的每一現象敏感活躍，能使你的體質增強。藥物中最好的就是愉快和歡笑。」

笑聲還可以治療心理疾病。印度有位醫生在國內開設了多家「歡笑診所」，專門用各種各樣的笑：「哈哈」開懷大笑、「吃吃」抿嘴偷笑、抱著胳膊會心地微笑等來治療心情壓抑等各種疾病。在美國的一些公園裏都闢有歡笑樂園。每天有許多男女老少在那裏站成一圈，一遍遍地哈哈大笑，進行「歡笑晨練」。

笑不僅具有醫療作用，在生活中它還能產生人們意想不到的作用。古代有個王子，一天吃飯時，喉嚨裏卡了一根魚刺，醫生們束手無策。這時一位農民走過來，一個勁地扮鬼臉，逗得王子止不住地笑，終於吐出了魚刺。

雪萊說過：「笑實在是仁愛的表現，快樂的源泉，親近別人的橋樑。有了笑，人類的感情就溝通了。」笑是快樂的象徵，是快樂的源泉。笑能化解生活中的尷尬，能緩解工作中的緊張氣氛，也能淡化憂鬱。

一對夫妻因為一點生活瑣事吵了半天，最後丈夫低頭喝悶酒，不再搭理妻子。吵過之後，妻子先想通了，便想和丈夫和好，但又感到沒有臺階可下，於是她便靈機一動，炒了一盤菜端給丈夫說：「請用吧，吃飽了我們接著吵。」

一句話把正在生悶氣的丈夫給逗樂了，見丈夫真心地笑了，她自己也樂開了。就這樣，一場矛盾在笑聲中化解開來。

既然笑聲有這麼多的好處，我們有什麼理由不讓生活充滿笑聲呢？不妨給自己一個笑臉，讓自己擁有一份坦然；還生活一片笑聲，讓自己勇敢地面對艱難。這是怎樣的一種調節，怎樣的一種豁達，怎樣的一種鼓勵啊！

赫爾岑有句名言說：「人不僅要會在快樂時微笑，也要學會在困難中微笑。」

人生的道路上難免遇到這樣那樣的困難，時而讓人舉步維艱，時而讓人悲觀絕望；漫漫人生路有時讓人看不到一點希望。這時，不妨給自己一個笑臉，讓來自於心底的那份執著，鼓舞自己插上理想的翅膀，飛向最終的成功；讓微笑激勵自己產生前行的信心和動力，去戰勝困難，闖過難關。

清新、健康的笑，猶如夏日裏的一陣大雨，蕩滌了人們心靈上的污泥、灰塵及所有的污垢，顯露出善良與光明。笑是生活的開心果，是無價之寶，但卻不需花一分錢。所以，每個人都應學會以微笑面對生活。

那麼，今天你笑了嗎？沒有的話，那麼現在就讓你的嘴角往上翹一翹吧！

國家圖書館出版品預行編目資料

你與成功的距離，孟凡　著，
初版，新北市，新視野 New Vision，2023.11
面；　公分 --
ISBN 978-626-97656-2-1（平裝）
1.CST：自我實現 2.CST：生活指導 3.CST：成功法

177.2　　112014043

你與成功的距離

孟凡　著

出　　版　新視野 New Vision
製　　作　新潮社文化事業有限公司
電話 02-8666-5711
傳真 02-8666-5833
E-mail：service@xcsbook.com.tw

印前作業　東豪印刷事業有限公司
印刷作業　福霖印刷企業有限公司

總 經 銷　聯合發行股份有限公司
新北市新店區寶橋路 235 巷 6 弄 6 號 2F
電話 02-2917-8022
傳真 02-2915-6275

初　　版　2024 年 01 月